Der strahlende Berg

Geschichten aus Fukushima

von
Sôkyû Gen'yû

Aus dem Japanischen
von Frauke Arndt-Kunimoto und Mariko Fuchs

Reichert Verlag

Umschlagabbildung: Maya Yang-Ueno

Bibliografische Information der Deutschen Nationalbibliothek
Die Deutsche Nationalbibliothek verzeichnet diese Publikation in der Deutschen Nationalbibliografie; detaillierte bibliografische Daten sind im Internet über http://dnb.ddb.de abrufbar.

Gedruckt auf säurefreiem Papier
(alterungsbeständig – pH7, neutral)

www.reichert-verlag.de
ISBN: 978-3-7520-0731-2 (Druck)
eISBN: 978-3-7520-0266-9 (E-Book)
https://doi.org/10.29091/9783752002669

Inhalt

Deinen Schatten im Schlepptau

Es gibt ein berühmtes altes Lied in Japan, den Hafenstadt-Blues: *Minatomachi Blues* des Sängers Shin'ichi Mori. Diese melancholische Melodie, gesungen mit einer markanten, gepressten Stimme, hat wohl fast jeder in Japan schon einmal gehört. Früher hatte dieses Lied für viele Menschen keine tiefere Bedeutung, es war nichts als ein wehmütiger Schlager über verflossene Liebe und über den Abschied.

„Ich stehe auf den Zehenspitzen und schaue auf das Meer hinaus, wieder läuft ein Schiff aus dem Hafen aus und das Schiffshorn ertönt…"

Am Anfang verlässt das Schiff den Hafen von Hakodate, im Norden Japans, in der zweiten Strophe kommt es schon nach Süden in die Präfektur Miyagi, nachdem es an den Fischerhäfen der Sanriku-Küste entlang gefahren ist.[1]

„Mein Sake vermischt sich mit Tränen. Er schmeckt nach dem Verrat eines Mannes."

Ob verraten oder nicht, ob Mann oder Frau, ob Kinder oder alte Leute, sie alle wurden vom Tsunami hinweggespült.

„Die Häfen von Miyako, Kamaishi, Kesennuma…"

In diesen wie auch in allen anderen Häfen in diesen Gegenden wurden die Schiffe zuerst einmal ins Landesinnere getrieben, dann wurden sie von tobenden Wellen verschluckt, mehr noch, es folgten unzählige Häuser und Bäume, die ein- und umstürzten, und auch die Menschen verschwanden in den tosenden Fluten. Zurück blieben nur die Trümmerhaufen.

Aus der Ferne hörte man den *Minatomachi Blues*.

Das, was nun zu einem einzigen Berg von Trümmern geworden ist, war ursprünglich gar kein Schrott. Es war das Dreirad ihres viel jüngeren Bruders, mit dem er oft gespielt hatte. Es war der Gesundheitslikör, den ihre Oma täglich getrunken hatte. Es war das Gericht aus korallenähnlichen Manteltierchen, das ihre Mutter mit Freuden zubereitet hatte. Es waren die Köder für das Meeresangeln, die ihr Vater so begeistert gesammelt hatte. All diese Dinge wurden mitsamt ihren Besitzern von der Schlammflut verschlungen, nicht einmal Zeit

---

1 Anm. d. Übers.: Dieser Küstenstreifen war über hunderte Kilometer vom Tsunami betroffen.

zum Schreien blieb. Es ertönte Lärm wie das Gebrüll von Ungeheuern und alles löste sich auf. Was zuerst noch übrig geblieben war, und das, was fortgerissen worden war, wurde vom Tsunami zerstampft und zermahlen wie von einer Bestie und alles zusammen wurde dann zu diesen Trümmerhalden.

In der Notunterkunft, bei minus 2 Grad in die gleiche Decke eingewickelt wie seine Enkelin, sagte ihr Opa:

„Wäre ich doch nur zusammen mit ihnen gestorben."

„Was redest du da, Opa?" sagte sie.

„Ich habe alles verloren."

„…"

„Keiner ist übriggeblieben."

Seine Nase lief und der Schnodder vermischte sich mit den Tränen. Mit einem verschlissenen Taschentuch wischte er sich über sein Gesicht. Anstatt zu sagen „Aber *ich* bin doch noch hier", umarmte sie seine knochigen Schultern und seinen Nacken.

Plötzlich sagte er, seine Hand weiter auf ihrem Knie liegend, zu der jungen Frau: „Was ist eigentlich aus deinem Freund geworden?"

„Oh, Großvater, …du hast davon gewusst?"

„Ja, natürlich. Aber so besonders gut finde ich ihn nicht. Seine Arbeit ist schon mal nichts."

Der Greis starrte in die schwach rötlichen Flammen des Ölofens. Scheinbar bereute er seine Worte, hob plötzlich entschuldigend seine Augen und sagte:

„Ganz egal, ob gut oder schlecht. Ob er wohl noch lebt?"

„Weiß nicht", antwortete sie in dem Dialekt, den zu verwenden sie bisher vermieden hatte. „Ich weiß es wirklich nicht, Großvater!"

Ihre Hand umfasste fest das Handy in ihrer Jackentasche. Das Handy hatte schon lange keinen Empfang mehr. Sie klammerte sich weiter an den kalten, faltigen Hals ihres Großvaters.

Die Stadt Ohshu befindet sich im Landesinneren, ein kurzes Stück von der Sanriku-Küste entfernt. In einem Restaurant aß zur Mittagszeit am hintersten Tisch schweigend ein junger Mann eine große Portion vom Bratfleischmenü. Seine Eltern und die jüngere Schwester starrten ihn dabei an, als ob er von einem anderen Planeten gekommen wäre.

„Fährst du wirklich wieder dahin zurück?“, fragte seine Mutter. Er kaute einfach weiter auf den Sojasprossen herum. „Hör doch auf mit dieser Arbeit!“, sagte seine Schwester, die noch zur Oberschule ging. Er aß weiter ohne innezuhalten, seine Essstäbchen waren ständig in Bewegung.

Als ob er um jeden Preis Nahrung aufnehmen müsste, füllte sich der junge Mann zum zweiten Mal seine Reisschale auf. Erst im Jahr zuvor war er bei Tepco eingestellt worden. Als er die Aufnahmeprüfung bestanden hatte, waren sie so stolz auf ihren Sohn gewesen. Auch gegenüber den Nachbarn hatten sie damit geprahlt. Aber seit Mitte März hatten sich die Umstände komplett verändert.

Nun kam er nur einmal die Woche wie ein Flüchtiger nach Hause, duschte schnell und fiel dann fast ohnmächtig ins Bett. Wenn er wieder aufgewacht war, kam er die Treppe herunter, die silbern blinzelnden Augen kaum geöffnet. Er sagte kein Wort. Ihn hier das *Mizusawa*-Rindfleisch, sein Leibgericht, essen zu lassen war das Einzige, was sie ihm noch Gutes tun konnten, bevor sie ihn wieder ziehen ließen, zurück zur Arbeit. Dabei war er ständig bemüht, unerkannt zu bleiben. Dem Vater gefiel das alles nicht, er fand es frustrierend.

„Man darf seine Firma nicht kritisieren. Man darf seine Arbeitskollegen nicht im Stich lassen. Der Nutzen der Gemeinschaft muss oberste Priorität haben.“ War es nicht genau das, was der Vater seinem Sohn immer beigebracht hatte? Nun, war die Erziehung seines Sohnes nicht wunderbar gelungen? Schon zweimal war er ohne Murren oder ein Wort der Beschwerde wieder an seinen Arbeitsplatz zurückgekehrt. „Streng dich nicht zu sehr an“, sagte der Vater am Ausgang des Restaurants und drückte die Hand seines Sohnes. Dieser nickte wortlos. „Was ist eigentlich mit deiner Freundin?“, fragte er noch leise. Er wollte seinen Sohn etwas aufheitern und versuchte dabei ein Lächeln aufzusetzen. Der Sohn aber sah seinen Vater scharf an und erwiderte:

„Die Beziehung kann ich nicht fortsetzen, … dafür bin ich doch eh schon viel zu verstrahlt.“

Selbst bei diesen Worten lächelte er ein wenig. Vielleicht hatte er auch dies vom seinem Vater gelernt.

Aus irgendeiner Bar ertönte eine ähnlich vibrierende Schlagerstimme wie die von Shin’ichi Mori:

„Schiffe kommen, laufen aus, nehmen Abschied. Ein Schiff kommt ohne dich zurück, ich sehe deine Gestalt in allen Fremden.“

Der Vater sah wie sein Sohn, krummbeinig wie er selbst, in den Wagen einstieg. Er winkte mit blassen Händen genau so zum Abschied, wie es einst seine Frau in jungen Jahren getan hatte. Wäre der Sohn jemand anders gewesen, hätte der Vater an so viel Familienähnlichkeit sicherlich seine Freude gehabt. Aber so war er wie vom Donner gerührt, als wäre er plötzlich seinem Doppelgänger über den Weg gelaufen.

Nur drei Tage nachdem sie eine Lungenentzündung bekommen hatte, verstarb die Enkelin. Ihren Leichnam holte ihr ehemaliger Mittelschul-Lehrer aus dem völlig überfüllten Krankenhaus ab. Er war in der gleichen Notunterkunft untergebracht und hatte sich dazu bereiterklärt. Sein Bart wucherte ihm über sein Gesicht. Unter Tränen erzählte er dem Großvater, dass er in der Mittelschule ihr Klassenlehrer gewesen sei. Der Greis übergab nach der Einäscherung die Urne einem buddhistischen Tempel. Endlich fuhren die Züge wieder. Er stieg spontan in einen Zug ein, wohin war ihm gleich, nur Richtung Süden.

Der junge Polizist auf der Polizeistation in Minami-Soma[2] kam etwas in Verlegenheit. „Nein, das geht nicht. Ab hier darf man nicht mehr weiter in Richtung Süden. Die Rinder werden auch schon alle tot sein.“ „Ist schon in Ordnung. Ich merke nichts von der Strahlung. Wenn die Rinder sterben, dann sterbe ich eben mit ihnen“, erwiderte er. Der Uniformierte blieb bei seinem Nein.

Aus dem Fernsehen hatte der Alte von dem Schicksal der Rinder erfahren. Verlassen und ohne Pflege vegetierten sie vor sich hin. Ohne viel nachzudenken, war er losgezogen, um sich um sie zu kümmern. Er war mit Pferden und Rindern zusammen aufgewachsen. Nein, er wollte nicht sterben. Er wollte nur seinem Leben noch irgendeinen Sinn geben, indem er sich um die Tiere kümmerte. Im Radio in der Polizeistation lief der *Minatomachi Blues*.

„Deinen Schatten habe ich im Schlepptau, in den Häfen von Miyako, Kamaishi, Kesenuma.“

---

2 Anm. d. Übers.: Der Ort ist 25 km entfernt vom Kraftwerk Fukushima Daiichi.

Die Grillen

Seit Michihikos Vater in diesem Altenheim untergekommen war, war er viel gelassener geworden.

Das Gebäude stand auf einer Anhöhe. Wenn man in seinem Zimmer ans Fenster trat, konnte man das dunkelblaue Meer hinter den Zweigen der Kiefern aufblitzen sehen. Michihiko überlegt, ob sein Vater das Meer in der kleinen Bucht wohl überhaupt bemerkt hatte.

Aya verbeugte sich mehrmals. Michihikos Vater ging einfach an Aya vorbei, ohne dass er dabei auch nur die geringste Reaktion zeigte. Fast schwebend ging er weiter bis ans Fenster, auch ohne Michihiko dabei direkt anzublicken, und blieb dort stehen. Er drehte Aya und Michiko seinen gebeugten Rücken zu, in seiner Priesterarbeitskleidung aus braunem Leinen, und presste sein Gesicht fest an das Fensterglas. Der Buschklee war bereits in voller Blüte draußen vor dem Fenster.

„Vater…"

Michihiko machte einen erneuten Versuch, ihm Aya vorzustellen.

Seit dem Tsunami rezitierte sein Vater nur sporadisch die buddhistischen Sutren, aber ansonsten sprach er überhaupt nicht mehr. Da er noch Sutren rezitieren konnte, war es eindeutig kein Problem mit den Stimmbändern. Er sagte nicht nur nichts, sondern mied auch schweigend die Blicke anderer. Seine Haare waren etwas länger geworden und er sah ganz anders aus als noch vor einem halben Jahr.

„Ich heiße Aya Kashiwagi."

Sie verbeugte sich noch einmal und sagte: „Ich freue mich, Sie kennen zu lernen." Er bewegte sich, jedoch wandte er sich nicht Aya zu, sondern drehte sich langsam zu Michihiko. Dann wandte er seinen Blick ab und starrte in die Luft. Michihiko fing an zu erläutern, dass Ayas Eltern und ihr jüngerer Bruder durch den Tsunami ums Leben gekommen waren, dass sie sich in der Notunterkunft kennengelernt hatten, dass auf der Ruine der ehemaligen Haupthalle des Tempels mit Mühe und Not rechtzeitig zu den großen Obon-Feierlichkeiten, dem Seelenfest, im August ein Fertighaus mit einem Eisengerippe errichtet worden war und er nun dort den Tempeldienst irgendwie fortsetzte. Dabei sei ihm Aya in letzter Zeit behilflich gewesen. Dies alles war zwar an seinen Vater gerichtet, aber es war doch auch ein wenig so, als ob er es in Anwesenheit seines Vaters mit Aya noch einmal durchging.

Wie weit sein Vater dem Inhalt hatte folgen können, war unklar. Mit halb geöffnetem Mund blickte er hin und her. Er reagierte auch nicht besonders auf die Erwähnung des Tsunamis. Er schien auf das Ende der Erzählung zu warten und setzte sich einmal auf das Bett nieder. Dann stand er wieder auf und hob beide Arme in die Luft. Er bog die Hände dabei auf eine unnatürliche Weise. Dann fuchtelte er mit seinen Händen herum, als ob er ein Insekt vertreiben wollte. Gleichzeitig begann er sich nach rechts zu drehen, während er dabei in die Knie ging.

In einer Lücke von nur etwa einem Meter zwischen dem Fenster und dem Bett fing er dann schließlich mit dem „Kullern" an. Über diese Bewegungen war Michihiko schon von der Heimleiterin unterrichtet worden, nun aber sah er selbst dieses „Kullern" zum ersten Mal. Was ihn zu dieser Bewegung veranlasste, war noch unklar, aber ihm war gesagt worden, sein Vater wiederhole diese tanzähnliche Bewegung mehrmals täglich, wie eine Zeremonie. Die beiden schauten ihm fassungslos dabei zu. Hinter ihnen ging eine Angestellte des Heims auf dem Gang vorbei und sagte mit fröhlicher Stimme:

„Oh, Herr Priester, Sie kullern heute wieder! Es geht Ihnen bestimmt gut?!"

Ja, er wurde hier „der kullernde Priester" genannt. Manchmal rief ihn die Heimleiterin etwas höflicher mit einem höheren buddhistischen Priesterrang. Das war vielleicht eine Anspielung auf die alte Erzählung „Tsurezuregusa", aber das Wort „Kullern" bedeutete ebenfalls verrückt. Daher war es Michihiko etwas unangenehm.

Aya blickte ein paar Mal sehr verlegen zu Michihiko hinüber, aber dann ging sie Schritt für Schritt näher auf seinen Vater zu. Michihiko nahm das Kopfkissen vom Bett und näherte sich hinter Aya seinem Vater. Er ahnte, dass der sich drehende Vater bald wie ein Kreisel umfallen würde. Vermutlich machte sich Aya die gleichen Sorgen.

Ich will es doch nur Aya alleine erzählen, dachte Michihiko und lud sie nach dem Abendessen zum Gespräch ein. Zu diesem Zeitpunkt schlief die kleine Mî bereits.

Vor ein paar Tagen hatten Mî und Aya angefangen in einer Ecke in der neuen Haupthalle der Fertighaus-Tempelanlage zu schlafen, umgeben von drei Stellwänden. Mî war fünf Jahre alt und weder mit Michihiko noch mit Aya verwandt. Sie hatte vor einem halben Jahr alles durch den Tsunami verloren – die Eltern, ihre Geschwister und ihr Haus. Ihre Großmutter war in der Notunterkunft mit ihr zusammen gewesen, aber sie war vor ein paar Tagen ins Krankenhaus eingeliefert worden. Am gleichen Tag hatte Aya Mî zum Tempel mitgebracht. In der Kindertagesstätte, wo sie ab heute hinging, hatte es ihr wohl sehr viel Spaß gemacht. Nachdem sie Curryreis zu Abend gegessen hatten, schlief sie noch am Esstisch ein.

Er nahm den kleinen Tisch, den sie als Esstisch verwendeten, und stellte ihn in die Mitte der provisorischen Haupthalle, die aus ungefähr dreißig Tatami-Matten bestand. Dann wartete er auf Aya, bis sie das Geschirr im Waschbecken draußen gespült hatte. Er wollte nämlich endlich auf die Frage antworten, die sie ihm mittags gestellt hatte. Das war auf dem Weg vom Altenheim zur Kindertagesstätte gewesen. Sie hatte auf dem Beifahrersitz gesessen. Von der Seite hatte ihr Gesicht traurig ausgesehen. „Warum heißt er Kuller-Priester?"

„Immerhin sprechen sie ihn mit ‚Herr Priester' an, dafür bin ich dankbar."

Er war auf diese Weise ausgewichen und ging nicht weiter darauf ein. Aya hielt trauriges Schweigen. Sie erreichten den Tempel, und Michihiko betrachtete die Glocke und einige Klangschalen in unterschiedlichen Größen. Diese Hilfsmittel für die buddhistischen Zeremonien hatte er aus der Tsunami-Ruine aufgesammelt. Da ergriff ihn die Trauer mit einem Mal gewaltig. Er spielte nebenbei mit Mî, aber trotzdem erinnerte er sich plötzlich deutlich an die frühere Gestalt seines Vaters. Es war, als ob etwas in ihm emporstieg.

Michihiko setzte sich in den Fersensitz für die Zazen-Meditation. Dabei war ihm das Foto seiner Mutter sehr bewusst, das auf dem Hauptaltar stand. Dann ließ er es zu, dass eine Reihe von Erinnerungen in seinem Kopf wach wurden, über die er bisher mit niemandem gesprochen hatte. Lange hatte er die Erinnerung unterdrückt, doch da war er wieder, der Tsunami selbst. Der furchterregende schwarze Berg, höher als die Hausdächer, und er kam auf ihn zu.

Etwas später brachte Aya zwei Tassen Tee auf einem Tablett. Die große Buddhastatue stand ohne die üblichen Türen einfach offen im Raum. Aya zeigte ihre Verehrung erst mit einer Hand, kniete sich auf die Tatami-Matten, setzte die Teeschalen auf den Tisch hin und verbeugte sich dann in Richtung des Buddhas, diesmal beide Hände faltend. Als Aya zum Tempel gekommen war, hatte sie gesagt, sie wisse nichts über Tempelrituale. Michihiko hatte sie nur um eine Sache gebeten:

„Man kann es zwar nicht sehen, aber hier gibt es etwas sehr Wichtiges. Wenn du hier eintrittst, nimm bitte als erstes den Altarraum bewusst wahr."

Diese Bitte war jedoch für Aya wohl nicht eindeutig. Sie schien nicht die Buddhastatue zu ehren, deren Ölschicht sich durch die Fluten gelöst hatte, sondern eher die Urne und das Foto ihrer Familie, die an der rechten Ecke standen. Daneben stand auch das Foto von Michihikos Mutter. Doch bereits am nächsten Tag richteten sich ihre gefalteten Hände eindeutig an die Buddhastatue in der Mitte. Vielleicht war es kein Anbeten von Buddha, sondern eher eine Art Bitte.

Aya starrte auf eine der Teeschalen und biss sich leicht auf die Lippe. Sie hatte die Angewohnheit, sich so auf die Lippe zu beißen, wenn sie darauf wartete, dass Michihiko etwas sagte. Er sah Aya an und überlegte es sich noch einmal genau:

Er war ledig und schon 43 Jahre alt. Aya war erst 25 Jahre alt, da konnte er keine Erwartungen haben. Vor einem halben Jahr, nach dem großen Erdbeben, war er Aya zufällig in der Notunterkunft begegnet. Sie war auf ihn zugekommen mit den Worten: „Herr Priester, Herr Priester." Genau dies war der Anlass gewesen, bei dem er sich endlich bewusst wurde, dass er ein Priester war. Ihr Verhältnis war auf keinen Fall wie das von einem Elternteil zu einem Kind und auch nicht wie unter Geschwistern. Es war aber auch nicht wie zwei Liebende. Vielleicht passte gerade deshalb ihre Beziehung zu dem Tempel.

Nun drehte sich Michihiko zu Aya um und begann zum ersten Mal die Geschichte des „Kullerns" zu erzählen, also was ihm und seinem Vater am Tag des Tsunamis passiert war. Eigentlich ging es ihm nicht so sehr darum, dass er die Geschichte erzählte, sondern mehr darum, dass sie die Geschichte hörte.

An jenem Morgen sagte seine Mutter, dass sie zum großen Supermarkt an der Küstenstraße einkaufen fahren würde, um Futter für die Karpfen im Teich zu besorgen. Im Teich schwammen einige bunte Karpfen, die von Mitgliedern der Tempelgemeinde gekauft worden waren. Aber Mutters Lieblingskarpfen Goro, der Schwarze, den hatte sie mit Vater zusammen beim Angelteich am Berghang gefangen. Und Goro fraß angeblich am liebsten dieses Futter, das nur in diesem Laden an der Küstenstraße verkauft wurde.

An seinem morgendlichen Toast schwer kauend fragte sein Vater Michihiko: „Und du?" Ob er mit seiner Frage: „Fährst du auch mit?" gemeint hatte oder nicht, darüber dachte Michihiko später viele Male nach. Aber damals hatte er es so verstanden, dass er nach seinem Tagesplan gefragt wurde, und antwortete: „Heute jäte ich Unkraut, denn es ist ja nicht mehr lange bis zur Andachtszeremonie." Dann fragte er seinen Vater zurück: „Was machst du denn?"

Vater sagte, er würde zu der sogenannten Oma Koike gehen, die bettlägerig war und ihn um das Einsetzen von Seelen in eine Totentafel bat. Ihr Haus befand sich etwa hundert Meter weiter unten am Flussufer. Dann spülte Vater den Toast mit warmer Milch herunter und fing an, von der Beziehung zwischen Oma Koike und ihren Schwiegereltern, derer mit der Tafel gedacht werden sollte, zu erzählen, obwohl Michihiko ihn nicht danach gefragt hatte.

Diesen Teil schilderte Michihiko Aya natürlich nicht so ausführlich.

„Die Oma war sehr eigensinnig und hatte damals keine besonders gute Beziehung zu den Eltern ihres Mannes gehabt. Irgendwann war sie dann nicht mehr in der Lage alleine zu leben und war ans Bett gefesselt. Daraufhin wurde sie von ihrer Schwiegertochter gepflegt. Dann hat sie wohl angefangen sich zu wünschen, dass ihre Schwiegertochter später einmal nicht nur für ihren Mann sondern auch für sie eine Totentafel aufstellt. Also bat sie meinen Vater plötzlich darum, die Zeremonie für das Einsetzen der Seelen vorzunehmen. Sie hatte eine Totentafel für ihre Schwiegereltern herstellen lassen. Das war ausgerechnet an einem Tag, als die Schwiegertochter bei ihrem Job frei hatte."

„Einsatz der Seele?", fragte Aya mit etwas Angst in der Stimme.

„Ja, das ist eine Zeremonie, wodurch die Totentafel ein Objekt der Anbetung wird."

Als Michihiko so antwortete, biss sich Aya wieder auf die untere Lippe und dachte über seine Worte nach. Sie ließ ihr langes Haar langsam fallen.

Nach dem Frühstück zog sich sein Vater die weiße Priesterkleidung an und machte sich zu Fuß auf in die Nachbarschaft. Seine Mutter fuhr das kleine Auto. Sie hatte ihren Führerschein erst gemacht, als sie schon über fünfzig Jahre alt war.

Bis zur Küste waren es etwa fünf Kilometer. Wenn sie zur Küstenstraße fuhr, nahm sie meist noch eine von ihren Freundinnen aus der Nachbarschaft mit, mit denen sie gerne klatschte. Sie aßen dann dort zusammen Mittag. Ob an diesem Tag jemand auf dem Beifahrersitz gesessen hatte, war bisher immer noch ungeklärt.

Sein Vater kam nach der Zeremonie, bei der die Seele in die Tafel eingesetzt wurde, nach Hause zurück. Danach schrieb er wohl eine Zeitlang Inschriften auf Hölzer, die bei Zeremonien zum Gedenken der Verstorbenen neben den Gräbern aufgestellt werden.

Als Michihiko nach dem Unkrautjäten einmal in die Tempelküche hereinkam, spülte sein Vater in seiner Priesterarbeitskleidung dort seine Pinsel.

„Wie war's?" fragte Michihiko.

Sein Vater antwortete mit einem bitterem Lächeln: „Wenn man gepflegt wird, muss man das erstmal akzeptieren."

„Ist Oma Koike immer noch gebieterisch?"

„Ja, sie meint wohl, dass sie allein sterben könnte."

An dieses Gespräch konnte sich Michihiko noch erinnern. Da die beiden selbstverständlich davon ausgingen, dass seine Mutter bis zum Mittag nicht nach Hause zurückkommen würde, setzte Michihiko einen Topf Nudelwasser auf den Herd. Dann ging er noch einmal hinaus. Als er nach einer Weile wieder in die Küche zurückkam, hatte sein Vater schon Lauch klein geschnitten und tat gerade die Nudeln in den Topf. Wenn seine Mutter im Haus war, arbeitete sein Vater überhaupt nicht in der Küche. Aber wenn sie nicht da war, mochte er die Küchenarbeit eigentlich ganz gerne.

Aya hatte inzwischen ihre Haltung etwas gelöst, saß nicht mehr in dem steifen Fersensitz, sondern hatte sich seitlich hingesetzt. Als er an die Stelle mit dem Kochen kam, lächelte sie etwas.

„Was ist denn?", wollte er wissen. Sie fragte ihn sofort: „Mögen Sie auch die Küchenarbeit, Herr Priester?" „Nein. Ich koche wirklich nicht gerne.“ Trotz seiner Antwort lächelte Aya etwas skeptisch. Dann biss sie sich wieder auf die Lippe und schwieg.

In dem Moment, als das erste lange, lange Beben kam, waren sie mit dem Essen schon eine Weile fertig. Es waren einfache Nudeln mit frittiertem Tofu, eingelegter Pflaume und Lauch. Sie hatten das Geschirr gespült. Sein Vater legte sich wie immer nach dem Essen für ein Nickerchen auf das Sofa. Michihiko setzte sich an den Esstisch und las in einem buddhistischen Buch. Es war ein etwas kühler Tag. An den Füßen seines Vaters sah er den Ölofen kräftig rot brennen.

Plötzlich war es Michihiko so, als höre er einen tiefen, knurrenden Klang. Unmittelbar danach gab sein Handy ein lautes Warnsignal von sich, welches er noch nie zuvor gehört hatte. Draußen fing Bon, ihr Hund, an zu bellen. Die Fenstergläser quietschten. Mit einem Mal war sein ganzer Körper von unzähligen Geräuschen umgeben. Bilderrahmen fielen von den Wänden. Gegenstände flogen kreuz und quer umher. Der Heizofen ging automatisch aus und weißer Rauch stieg auf. Da das Schwanken immer noch nicht aufgehört hatte, nahm Michihiko die Hand seines Vaters und sie gingen taumelnd zur Hintertür aus der Küche hinaus.

Draußen sah er, wie gerade sein Auto mit einem Garagenpfeiler zusammenstieß und einen schweren Laut von sich gab. Ein Strommast, an dem das Stromkabel wie eine Peitsche hin und her schleuderte, neigte sich stark zur Seite. Vor dem Tempeltor gab es einige Reisfelder und etwa fünfzig Meter entfernt davon konnte man normalerweise das Flussufer sehen. Sie bemerkten, dass sich der Untergrund zwei-, dreimal plötzlich anhob. Rauch stieg in dicken Wolken auf. Michihiko ließ seinen Vater zurück, der sich am Rand der Straße hingehockt hatte, und rannte zur Haupthalle hinüber. Dort bellte Bon unaufhörlich weiter und die sechs Jizo-Statuen waren umgefallen. Die große Kannon-Statue vor der Haupthalle fiel in dem Moment, als Michihiko dort ankam, mit dem Gesicht auf die Erde. Bon bellte weiter so laut er konnte. Er war bereits zwölf Jahre alt und war starr vor Schreck. Michihiko sah, wie weißlicher Rauch von der Haupthalle in den Himmel aufstieg. Das war selbst für ihn furchterregend. Als er Bon von seiner Kette losmachte und ihn auf den Arm nahm, sah er, dass die Erde um den Teich herum einstürzte und das

Wasser aus dem Teich heraussprudelte. Michihiko hielte Bon fest und kehrte zum Kücheneingang zurück, wo sein Vater mit seinen Händen auf der Erde dasaß wie ein Frosch. Sein Vater rief mit heiserer Stimme: „Mama, Mama!"

Endlich ließ das Beben nach. Michihiko ging mit dem Hund durch den Kücheneingang in den Tempel hinein. Was er drinnen vorfand, war ein Schlachtfeld. Sämtliche Schmuckgegenstände, die Holzpuppen und alle Bücher aus den Regalen lagen zerstreut auf einem Haufen auf dem Boden. Hier konnte er nicht mehr barfuss gehen. Gewürzflaschen, CDs, zerbrochene Vasen, eine Nagelschere, Zeitungen… Er betrat diese chaotische Masse mit seinen Hausschuhen. Schließlich entdeckte er sein Handy auf dem Boden und rief seine Mutter an.

Sie antwortete nicht. Er versuchte es noch einmal.

„Mist! Mama geht nicht ran!" Er ging zum Eingang zurück. Dort saß sein Vater auf dem Teppich und hatte Bon zwischen seinen Knien. Er streichelte Bons Kopf mit beiden Händen. Jeden Abend ging sein Vater mit dem Hund spazieren und auch das Futter bekam er anschließend von ihm. Also ließ er sich auch am besten von ihm beruhigen. Als Michihiko zu seiner Priesterausbildung im Kloster in Kyoto gewesen war, hatte sein Vater den Hund aufgenommen. Jemand hatte ihn am Tag des Obon-Festes vor der Haupthalle ausgesetzt. Sein Vater hatte ihm deshalb den Namen Bon gegeben.

„Mit wem war Mama zusammen?"

„Das weiß ich nicht. Wahrscheinlich mit Frau Sato oder Kikue."

Frau Kazue Sato und Frau Kikue Horiuchi waren Mitglieder des Tempelchors und schon Witwen. Sie lebten beide allein und kamen selten raus. Deshalb freuten sie sich immer, wenn seine Mutter sie einlud, mit zur Küstenstraße kommen.

Michihiko umklammerte sein Handy. Mit dem fürchterlichen Chaos im Haus vor Augen stellte er sich vor, wie im großen Supermarkt die Waren herunterpurzelten. Dann überlegte er, dass seine Mutter um diese Zeit wohl schon mit dem Essen in irgendeinem Restaurant fertig sei, vielleicht in ihrem Lieblings-Sushirestaurant oder beim Chinesen.

Das Beben schien sich fürs Erste beruhigt zu haben. Bon legte seinen Kopf friedlich zwischen den Beinen des Vaters ab, der sich im

Eingangsbereich hingesetzt hatte. Dann drehte sich sein Vater zu Michihiko um, der zum dritten Mal versuchte, seine Mutter anzurufen. Er schlug mit einer etwas heiteren Stimme vor:

„Lass uns doch einen Tee trinken!“

Michihiko war einen Augenblick lang unsicher, aber dann schien ihm genau so eine Abwechslung jetzt das Richtige zu sein.

In Hausschuhen ging er in die Küche zurück und suchte aus dem Durcheinander auf dem Boden eine Thermosflasche, eine Teekanne und zwei Teeschalen für Gäste heraus. Sie waren tatsächlich noch heil geblieben. Da kam er auf die Idee, auf dem Tablett auch noch das Küchenradio mitzunehmen, das seine Mutter normalerweise benutzte.

Im Radio wurde gerade die Stärke des Bebens an verschiedenen Orten durchgegeben, Sieben im Norden der Fukushima-Präfektur. Die Ziffer war höher als alles, was ihnen bisher untergekommen war. Während die beiden sich noch von diesem Schock erholten, verkündete der Ansager als nächstes mit sehr angespannter Stimme eine „große Tsunami-Warnung“. „Ein Tsunami von über sechs Meter Höhe wird vorhergesagt. Entlang der Küste wird dringend um Evakuierung auf Anhöhen gebeten!“

Ab da wiederholte der Ansager abwechselnd die Stärke der Beben und die Tsunami-Warnung.

„Sechs Meter. Das ist aber hoch!“, murmelte sein Vater und schlürfte den neu aufgegossenen Tee. Dann fügte er mit einer etwas gelasseneren Stimme hinzu: „Letztes Jahr beim Erdbeben in Chile war es dann letztendlich doch nur ungefähr ein Meter.“ Tatsächlich war beim Chile-Erdbeben ein Jahr zuvor im Februar eine Tsunami-Warnung gegeben worden und es war dann doch zu keinem großen Schaden gekommen.

„Ja, aber wenn der Tsunami wirklich über sechs Meter hoch ist, dann ist es auch hier gefährlich. Es ist schon besser, wenn wir mit dem Auto wegfahren.“

Michihiko trank noch seinen Tee aus, aber er hatte sich entschlossen zu fliehen. Er machte sich Sorgen um seine Mutter. Da sie eine tapfere Frau war, nahm er an, dass sie sich bereits mit dem Auto auf einen Hügel in Sicherheit gebracht hatte, vielleicht bei dem Shinto-Schrein.

Dieser Teil des Tempels war vor einigen Jahren gebaut worden und sah von vorne aus wie ein ganz normales Haus. Im Hausflur hing als einziger Tempelgegenstand eine Kalligraphie mit dem Ausdruck „*Buji*", Frieden, oder auch *unversehrt*. Der oberste Abt hatte sie geschrieben. Obwohl sie schief hing, wurde sie noch von einem L-förmigen Haken gehalten und schwankte im kalten Wind, der durch das zerbrochene Rundfenster hineinwehte.

„Ach ja, stimmt! Anfangs wurden sechs Meter angesagt." unterbrach ihn Aya plötzlich. Was Aya an diesem Tag passiert war, hatte sie Michihiko schon einmal erzählt. Nach dem ersten Beben hatte Aya die Fabrik für Meeresprodukte an der Küstenstraße verlassen, wo sie als Bürokraft tätig war. Ein Kollege nahm Aya in seinem Auto mit und sie fuhren in Richtung Altstadt, wo Ayas Elternhaus stand. Wahrscheinlich hatten sie dann unterwegs im Autoradio diese Warnung gehört. Der ausgegebene Alarm verkündete tatsächlich einen Tsunami von über sechs Metern. Viele Menschen nahmen diese Warnung nicht so ernst.

Zu dieser Zeit bemühte sich Ayas jüngerer Bruder an seinem Arbeitsplatz im Pflegeheim die fast sechzig Bewohner in kleine Gruppen zu unterteilen, mit Rollstühlen in Kleinbusse zu verfrachten und in mehrere Altenheime in der Nähe zu bringen. Eins der Heime war das, wo Michihikos Vater inzwischen lebte. Um bis zu größeren Anlagen in der Nachbarstadt zu kommen, reichte die Zeit nicht mehr aus. Der Bus der sozialen Wohlfahrtskommission war schon an jemand anders vergeben und es gab in seinem Pflegeheim nur zwei Kleinbusse. Im Radio wurde wiederholt, der Tsunami komme voraussichtlich in circa dreißig Minuten, aber er könne die Küste auch bereits früher erreichen.

„Bei etwa sechs Metern wird das Pflegeheim von deinem Bruder wohl…"

Michihiko schluckte das Ende des Satzes herunter. Ayas zwei Jahre jüngerer Bruder, der gerade erst in diesem Jahr die Qualifikation als Pfleger erlangt hatte, war neben mehreren zerquetschten Rollstühlen entdeckt worden. Es sah aus, als ob er sein Leben geopfert hätte. Später in der Leichenhalle hatte ihm unerklärlicherweise der linke Arm gefehlt. Ayas Augen schwammen in Tränen. Durch ihr Kleid hindurch umklammerte sie ihren linken Ellbogen.

Von der Küstenstraße bis zu dem Haus, in dem die Eltern von Aya wohnten und in dessen Erdgeschoss sie einen Laden für Kleidung betrieben, waren es ungefähr drei Kilometer. Sie wusste, dass das Stadtviertel nur wenig über dem Meeresspiegel lag, aber da das Elternhaus ein dreistöckiges Stahlbetongebäude war, nahm sie an, es sei dort relativ sicher. An der Küste standen mehrere hohe Gebäude. Eine Tsunami-Welle würde doch bestimmt durch diese Bauwerke schon genügend abgeschwächt werden.

Ihre Eltern hatten zwar ihr Geschäft zugemacht, aber wie Aya vermutet hatte, waren sie drinnen damit beschäftigt, dort aufzuräumen. Das Schaufenster hatte das Beben heil überstanden, aber viele Kartons mit Decken und Bettlaken lagen durcheinander mit der Kasse und lauter bunten Kleinteilen auf dem Boden verteilt.

„Ein Tsunami kommt!“, rief Aya sofort, als sie aus dem Auto ausgestiegen war und die Eingangstür aufmachte.

„Über sechs Meter Höhe haben sie angesagt! Wir müssen weg!“

Ihr Vater blieb hocken und hörte nicht auf, die verstreuten Waren aufzuheben. Ihre Mutter rannte schnell nach hinten und sagte dabei: „Wir kommen gleich nach. Fahr du schon mal vor.“

Die Stimmung zwischen ihnen kam Aya vor wie nach einem Ehestreit.

Ihre Eltern hatten das Geschäft gemeinsam aufgebaut, ihr Vater hatte dafür seine Festanstellung aufgegeben. Aya hatte Verständnis dafür, wie viel der Kleidungsladen ihren Eltern bedeutete. Sie hörte den Fernseher von hinten. „Wir sehen uns dann am Schrein!“, das war ihr Treffpunkt für Notfälle. Sie glaubte ihrer Mutter, dass sie sofort nachkommen würden und stieg wieder ins Auto zu ihrem Kollegen.

Im Radio wurde wohl kurz danach die Höhe des Tsunamis auf über zehn Meter Höhe berichtigt. Dies war jedoch erst, als Aya und ihr Kollege den Schrein auf dem Hügel erreicht hatten und von dort oben die Welle bereits mit eigenen Augen sahen.

Michihiko erinnerte sich nicht gehört zu haben, dass der Tsunami über zehn Meter Höhe erreichen sollte. Das nützte ihm nun auch gar nichts mehr. Als er mit seinem Vater den Tee ausgetrunken hatte, klingelte das Telefon in der Küche. Er rannte überstürzt dort hinüber und nahm das Gespräch entgegen. Am Apparat wurde ihm gesagt, dass bei dem Erdbeben drüben in der Stadt ein Mitglied der Tempelgemeinde die Treppe zu Hause heruntergestürzt und ums Leben gekommen sei, ohne dass ein Krankenwagen gekommen war.

Michihiko ging zum Hausflur zurück, um seinem Vater dies mitzuteilen. Dieser stand auf, faltete seine Hände für den Verstorbenen in Richtung seines Hauses und verbeugte sich tief. Seitdem er vor etwa zwei Jahren die Beerdigungsriten Michihiko überlassen hatte, hatte er es sich angewöhnt, auf diese Weise unmittelbar die Sutren zu rezitieren. Wahrscheinlich schaltete Michihiko währenddessen dann das Radio aus. Er war sich seiner genauen Handlungen nicht mehr sicher, aber er konnte sich noch an sein trauriges Gefühl erinnern, als er von dem Tod eines Gemeindemitglieds in diesem Chaoszustand erfuhr.

Wahrscheinlich wartete er, bis sein Vater die Sutra zu Ende rezitiert hatte und ging dann zum Auto, um den Motor anzulassen.

Gerade als er zusammen mit dem Vater und Bon ins Auto einstieg, klingelte Michihikos Handy. Er faltete es auf und sah „Mutter“ auf dem Display. „Das ist Mama!“ rief er seinem Vater zu, aber nachdem er das Gespräch angenommen hatte, war am anderen Ende kein Laut, keine Stimme zu hören.

Sie konnten davon ausgehen, dass es zwar ein Problem mit der Handyverbindung gab, aber dass seiner Mutter nichts passiert war. Vielleicht deswegen murmelte sein Vater nun: „Hoffentlich ist Oma Koike nichts passiert…“

Das Haus der Familie Koike stand etwas näher in Meeresrichtung und war dementsprechend auch niedriger über dem Meeresspiegel. Außerdem war nur die Schwiegertochter zu Hause und für sie alleine war es vermutlich schwierig, die alte Dame mit dem Rollstuhl ins Auto zu bekommen. Als er sich dies vergegenwärtigte, begann auch Michihiko sich Sorgen zu machen. Aber… Es war nicht mehr viel Zeit übrig… Diese Gegend hier war zwar nah am Fluss, aber nicht so nah an der Küste. Michihiko beschloss, es auf diese Weise zu sehen.

Als er das Auto wendete und zwischen den Reisfeldern einbog, sah er, dass sich auf der Straße bereits eine lange Autoschlange vom Fluss bis hinauf zum Hügel gebildet hatte. Diese enge Straße, die an vielen Stellen nur eine einzige Spur hatte, in entgegensetzter Richtung zu befahren, war jetzt definitiv unmöglich. Michihiko fiel ein, dass Oma Koike auch zwei Enkel hatte, und dass die Schwiegertochter vielleicht gerade die beiden von der Schule abholte, aber diesen Gedanken behielt er für sich.

„Lass uns davon ausgehen, dass für Oma Koike gesorgt ist. Und diese Straße können wir nicht befahren."

Direkt nachdem er das gesagt hatte, geschah es. Er hörte zweimal vom Meer her ein lautes Rumsen, der Himmel in der Ferne wurde trüb und dann tauchte plötzlich die weiße Spitze eines schwarzen Berges auf.

In den wolkigen Himmel ragende Schilder, Häuserdächer und sogar Strommasten wurden umgeworfen, abgeknickt und verschluckt... Das ist... der Tsunami. Das ist keine „Welle", sondern ein „Berg", eine „Wand".

Was aus seinem Mund kam, waren bestimmt keine Worte. Er gab eine Art Knurren von sich, setzte das Auto zurück und fuhr im Rückwärtsgang wieder zum Tempel. Er stieg aus, half seinem Vater beim Aussteigen und schickte ihn schnell hoch zur ersten Etage der Tempelküche. Michihiko nahm den bellenden Bon auf den Arm, schloss die Küchentür zu und bugsierte seinen Vater die Treppe hinauf, indem er ihn am Hintern hinaufschob.

Er war sich nicht sicher, wie lange das Ganze bisher wohl gedauert haben mochte. Michihiko sperrte sich in dem Raum ein, in dem seine Eltern gewöhnlich schliefen und ab da verlor er sein Zeitgefühl völlig. Sein Vater hob ein Sutra-Buch auf, das aus dem Regal gefallen war, und fing an, die „Diamant-Sutra" zu rezitieren. Michihiko machte das Fenster auf und sah Richtung Osten. In welcher Reihenfolge diese Dinge passiert waren, konnte er nicht mehr sagen.

Der schwarze Berg, den er vom Fenster aus sah, wanderte mit einem unheimlichen Geräusch weiter voran. Es schien, als ob der Berg selbst die Geräusche einsaugen würde, es entstand eine merkwürdige Stille. Der Tsunami kam an das zweistöckige Gebäude des Gemeindehauses, ragte darüber hinaus und das Dach verschwand so, als ob es schmelzen würde. Als er dies gesehen hatte, schloss Michihiko das Fenster. Er dachte: „Dies ist das Ende." Bon spürte sicherlich die Stimmung der beiden. Er streckte seine Vorderbeine auf den zerstreuten Kleiderstücken im Zimmer der zweiten Etage aus, wo er zum ersten Mal hingedurft hatte, und blickte nervös zu Michihikos Vater, der inbrünstig die Sutren rezitierte.

Nun bemerkte Michihiko, dass Ayas Augen voller Tränen waren. Wenn er ihr so detailliert erzählte, was passiert war, stellte sie sich sicherlich die letzten Momente ihrer Eltern vor. Ayas Eltern waren bis zum Ende zu Hause geblieben. Als ein Suchtrupp der Feuerwehr sie im zweiten Stock ihres Hauses entdeckte, waren ihre Körper wie ineinander gefaltet. „Warum habe ich nicht noch mehr darauf bestanden, dass die beiden sich in Sicherheit bringen? Warum habe ich es überlebt, aber sie nicht?“ Diese Fragen stellte sich Aya immer wieder, ohne eine Antwort darauf zu finden.

In der Haupthalle des Tempels war es inzwischen stockfinster geworden. In Ayas Augen spiegelte sich das weiße Licht der Leuchtstoffröhren an der hohen Zimmerdecke.

Aya hatte auch heute ihren Tee noch nicht trinken können. Als sie noch in der Notunterkunft gewesen war, hatte sie nicht duschen oder baden können. Sobald sie mit einer großen Menge Wasser konfrontiert wurde, erstarrte ihr Körper vor Angst. Wenn sie für den Küchendienst eingeteilt war, hatte sie daher möglichst Tätigkeiten mit Wasser vermieden und lieber das Gemüse gehackt. Weil das nicht jedes Mal klappte, war sie auch manchmal vor dem großen Topf Misosuppe fast ohnmächtig geworden. Michihiko hatte sie dann abgeholt und zur Ersten-Hilfe-Station getragen.

Weil Michihiko gesehen hatte, dass viele Leute aus den provisorischen Unterkünften in die Notunterkunft kamen, um das Essen von dort mitzunehmen, begann er im August nach dem Obon-Fest im Tempel Verpflegung anzubieten. Die mit der großen Summe von der Versicherung finanzierte provisorische Haupthalle war da gerade fertig gebaut worden. Einige Gemeindemitglieder, die ihre Familienmitglieder verloren hatten, und Aya halfen ihm beim Zubereiten und Verteilen der Mahlzeiten. Inzwischen war Aya soweit, dass sie zumindest duschen konnte, aber sie schien besonders vor Flüssigkeiten wie Tee oder Misosuppe, denen sie alleine ausgesetzt war, Angst zu haben. Wenn sie die Misosuppe, die sie gemeinsam zubereitet hatten, zusammen trinken wollten, erschrak sie vor der Brühe, die in der Dunkelheit des schräg gehaltenen Suppenschälchens wogte, und fiel plötzlich hinten über.

Während sich Michihiko wieder an diese Dinge erinnerte, hatte er schweigend dagesessen. Nun beschloss er, das Erinnern sein zu lassen und trank alleine seinen Tee.

Jeden Morgen, wenn er die Sutren rezitierte, tauchte dabei vor seinem inneren Auge die Trümmerwüste auf. Kadaver von Hunden und Katzen, die in unnatürlicher Haltung mit Bäumen und Strommasten verknotet waren. Einzelne menschliche Arme, Beine und Köpfe, die halb von Schutt und Schlamm verdeckt waren. Diese Trümmerhaufen, die er während der Suche nach seiner Mutter gesehen hatte, wurden so niemals im Fernsehen gezeigt.

Trotzdem erinnerte sich Michihiko dabei nicht direkt an den Moment, als der Tsunami sie erreicht hatte. Anscheinend vermied er diese Erinnerung intuitiv. Der Moment der größten Angst war wohl tief in seinem Gedächtnis eingeschlossen.

In der Haupthalle standen über einhunderte Urnen, zu einem großen Teil ohne den buddhistischen Namen für die Verstorbenen. Er vernahm ein Geräusch wie ein Ohrensausen und es kam es ihm vor, als ob die Stimmen der Verstorbenen in der Stille wisperten.

Auf einmal stand Aya auf, ging langsam zur Glastür an der Vorderseite der Haupthalle und öffnete sie.

„Oh, so viele Grillen! Herr Priester, hören Sie mal!"

Es war weder Ohrensausen noch waren es die Stimmen der Verstorben gewesen, sondern das Zirpen von unzähligen Grillen draußen vor der Tür.

Michihiko ging auch hinüber und setzte sich neben Aya. Es war schön kühl.

Es war ziemlich dunkel, da immer noch kaum Straßenbeleuchtung vorhanden war. In der Stille hallte das Zirpen laut wider, als ob es die Dunkelheit verdichten würde. Michihiko kam es vor, als ob das Zirpen die Luft Stück für Stück klären würde. In diesem Sommer hatte man sehr wenige Zikaden gehört. Er hatte gedacht, dass sie durch das Salzwasser des Meeres umgekommen waren. Das Zirpen der Grillen durchströmte seinen ganzen Körper. Es war für ihn ein Lebenszeichen und es erfüllte ihn mit einer unbändigen Freude.

Von ihrem neuen Platz aus starrte Michihiko in die Dunkelheit und nahm seine Erzählung wieder auf. Aya hielt ihre Knie mit beiden

Händen umklammert, hob das Kinn zum Nachthimmel hinauf und blickte nach oben, während sie zuhörte.

„Dort, da vorne am Bambuswald, da stand die Tempelküche."

Jetzt funkelten dort nur einige weit entfernte Sterne.

Der schwarze Berg, der höher als das Dach des Kulturzentrums in die Luft ragte und auf sie zukam, erreichte bereits unmittelbar, nachdem er ihn gesehen hatte, das Küchengebäude, wo sich Michihiko und sein Vater befanden. Michihiko, der dachte, dies sei das Ende, wurde durch einen mächtigen Stoß umgeworfen und an die Wand geschleudert. Dabei hörte er ein Reißen wie von zerberstenden Holzbalken. Er hatte seine Augen geschlossen und sah nichts.

Durch die Wasserwand wurde die verputzte Wand der Haupthalle zerrissen, und gegen die Wand des Küchengebäudes prallte wohl ein großer, für den Bau verwendeter Stamm oder ein Strommast. Die gesamte erste Etage, die sonst sicherlich von der Wasserwand zerstört worden wäre, wurde durch den Aufprall vom Erdgeschoss abgetrennt. Die Fenster zerbrachen und eine große Menge Wasser floss hinein, das Treppenhaus hing außen und schwamm hinter ihnen her. Der Raum, in dem sie sich befanden, schwamm auf der Wasseroberfläche und bewegte sich mit der Welle mit.

Als die Welle das Gebäude traf, hörte sein Vater mit dem Rezitieren der Sutra auf, stattdessen begann Bon zu bellen. Es lag vielleicht nicht unbedingt an der „Diamant-Sutra", aber Michihiko dachte, dass es ein Wunder war, dass sie in diesem Moment noch am Leben waren. Sein Vater krabbelte auf dem Boden. Er verbeugte sich vor ihm.

Tatsächlich stand ihnen jedoch jetzt erst ihre härteste Prüfung bevor.

Vor den zerbrochenen Fenstern trieben Autos vorbei, große Reklametafeln, Bäume und Schiffe. Sie bewegten sich jeweils mit leicht unterschiedlichen Geschwindigkeiten. Es war, als ritten sie auf dem Rücken eines riesigen Monsters, das alles fraß und immer größer wurde. Jeden Moment konnte es seine Klauen nach ihnen ausstrecken und sie zerfetzen.

Die Welt, die sie durch das Fenster sahen, schien eine völlig fremde Welt zu sein. Obwohl sie sich noch nicht so weit vom Fleck bewegt hatten, zogen an ihnen wieder und wieder ihnen unbekannte

Berge vorbei. Ihr Floss schien sich zu drehen, während es dahintrieb. Es gab wieder einen großen Aufprall. Bon erschrak, sprang auf und rannte los. Michihiko und sein Vater konnten nicht rechtzeitig nach ihm rufen. Bon sprang mit aller Kraft aus dem Fenster hinaus. Michihiko versuchte noch, ihn zu erwischen, aber es war schon zu spät. Sie hörten Bon noch einmal laut aufbellen, eine Tonlage höher als sonst, dann wurde sein brauner Körper von dem schwarzen Monster verschluckt.

Michihikos Vater krabbelte auf Händen und Füßen und schluchzte. Sie sahen zusammen aus dem Fenster und ihr Blick fiel auf einen jungen Mann, der in einem kleinen Boot hockte. Er verzog sein Gesicht vor Grauen. Seine Augen lagen im Schatten seiner Mütze. Er blickte einen Moment zu den beiden hinüber und ihre Blicke trafen sich. Michihikos Vater faltete die Hände und sah ihm nach. „Ah, aaaah…“ Er hörte ein unbekanntes Geräusch. Es war das Wehklagen seines Vaters, das Michihiko niemals zuvor gehört hatte.

Ihr Floss wurde noch weiter landeinwärts gespült und die beiden erblickten grauenhafte Szenen. In der trüben, schwarzen Flüssigkeit tauchte einen Augenblick lang hier und da zahlreiche farbenfrohe Kinderkleidung auf. Nein, es war nicht nur ihre Kleidung, sondern es waren die kleinen Kinder selbst, die einen Moment lang nach oben gespült worden waren.

Michihiko und sein Vater entfernten sich vom Fenster und krabbelten durch den Raum. Sein Vater ließ den Kopf hängen und schluchzte. Seine Stimme klang wie das Heulen eines Wolfes.

Dann kam ein Moment, in dem die Welle ihren Höhepunkt erreicht hatte und dann anfing, wieder zurück in Richtung Meer zu fließen. Er hatte den Eindruck zu schweben. An dieses Gefühl erinnerte er sich sehr deutlich. Der kalte Wind verschwand und mit einem Mal war es windstill. Ein in der Ferne sichtbarer Stahlpfosten schien sich nicht mehr zu bewegen. Es kam ihm einen Augenblick lang so vor, als seien sie auf einem anderen Planeten gelandet. Doch dann begannen die Fluten, zurück in Richtung Meer zu fließen, und sie wurden mit ihrem Floss noch stärker und schneller als zuvor mitgerissen. Sie hatten auf Händen und Füßen auf dem Boden gehockt, aber nun wurden sie hin und her geworfen und purzelten von einer Ecke in die andere.

Dann gab es noch einen Aufschlag, als ob sie einen steilen Hang hinuntergefallen wären, und es krachte. Danach fanden sie sich in einer lautlosen Welt wieder. Wie lange blieben sie wohl erst einmal so liegen? Als Michihiko durch das Fenster hinauskletterte, war es draußen schon halbdunkel. Eigentlich konnte man gar nicht mehr drinnen und draußen sagen, es war alles ein einziges Chaos, ein grenzenloses Durcheinander. Obwohl man keinen Laut vernehmen konnte, war es stürmisch. Schneeflocken tanzten vom Himmel herab. Dinge lagen wie Kraut und Rüben umher, ihre Längen, Breiten und Schrägen waren wie verzerrt. Es war eine Mischung aus Schiffen und Autos, die keinen Sinn ergab. Aus den Zwischenräumen stiegen Rauchschwaden auf. Es war weder natürlich noch künstlich. Michihiko konnte nichts fühlen außer der Kälte der auf ihn herabfallenden Schneeflocken.

Er schüttelte den Vater, half ihm auf und stand mit ihm zusammen in der anderen, dunklen Welt. Es fiel ein feiner Schnee. Die Haufen, die dort lagen, waren noch keine Trümmer. Zerstörte Häuser, eine Hauswand, ein einzelner Schuh, eine Teeschale, eine kaputte Glühbirne, Bäume, Autos, Schiffe, ein Löffel, eine blaue Glasflasche, ein Radio, ein Strommast, ein Fotoalbum, ein Aktenkoffer, irgendwelche Plastiktüten… Michihiko stützte den linken Arm seines Vaters, der nicht selbstständig gehen konnte, und sie wagten sich vor in das Durcheinander, in die Richtung, in der genug Platz für sie war. Nach einer Weile blieb sein Vater plötzlich stehen und erstarrte.

Er zeigte mit dem Finger auf etwas. Michihiko blickte in die Richtung. Dort war ein Mensch.

Die Umrandung von einer Veranda, die sich wahrscheinlich im ersten Stock befunden hatte, steckte in der Erde. Daneben sah er eine Strickjacke. Sie war braun vor Schmutz, aber wahrscheinlich einmal weiß gewesen. Als sie sich näherten, fing sein Vater an zu zittern. Er riss seinen Mund weit auf, aber es kam kein Laut heraus. Da sah Michihiko noch einen weiteren Leichnam, in einer unnatürlichen Haltung hingeworfen, und es ging ihm ein Licht auf. Das waren Oma Koike und ihre Schwiegertochter, die sein Vater noch am Vormittag für das Einsetzen der Seelen in die Totentafel besucht hatte. Wahrscheinlich hatte die Schwiegertochter aufgegeben, mit dem Auto zu fliehen, und hatte ihre Schwiegermutter unter Aufwand ihrer ganzen Kräfte in die erste Etage hinaufgebracht. Er sah den buddhistischen

Hausaltar umgestürzt im Garten liegen. Der Rollstuhl etwas weiter weg sah aus, als ob ein Dämon ihn zermalmt hätte.

„Ich höre jetzt auf. Entschuldige bitte!“, sagte Michihiko und drehte sich Aya zu. „Du hast dich bestimmt an Dinge zurückerinnert, an die du dich eigentlich nicht erinnern möchtest. Verzeih mir bitte. Ich erzähle nicht mehr.“

Aya ließ ihr Kinn auf ihren Knien liegen. Sie hielt ihren Kopf ruhig ohne zu nicken oder den Kopf zu schütteln. Dann zog sie ihre Lippen fest zusammen. Schließlich stellte sie ihr Kinn auf und schüttelte den Kopf langsam seitwärts.

„Herr Priester, Sie brauchen sich nicht immer so zusammenzureißen. Sie dürfen auch weinen!“

Aya hatte wohl seine feuchten Augen bemerkt. Als sie sich zu ihm drehte, sah er, dass auch ihre Augen feucht waren. Auf einmal kamen ihm die Tränen. Bon war gestorben, Goro und die bunte Karpfen waren gestorben, und ebenso die Goldfische und die Schildkröte. Der Leichnam von Kikue Horiuchi wurde in den Trümmern in der Nähe der Küste entdeckt. Außerdem starben noch fünf Mitglieder des Tempelchors. Oma Koike starb, ihre Schwiegertochter starb und der Leichnam des Gemeindemitgliedes, das von der Treppe gestürzt und gestorben war, wurde mit dem Rest der Familie vom Tsunami weggerissen. Die Mutter von Michihiko war noch nicht gefunden worden. Die Gesichter der Toten erschienen ihm eins nach dem anderen, und dann tauchte vor seinem inneren Auge das Gesicht seiner Mutter auf.

„Reiße ich mich zusammen?“ Seine Stimme zitterte. Vielleicht hatte er gehofft, dass jemand so etwas zu ihm sagen würde.

„Ja, aber vielleicht muss es so sein. Sie sind ja auch ein Priester!“

„Ja, das kann sein.“

Es kam ihm so vor, als habe etwas, was ein halbes Jahr in ihm angespannt gewesen war, sich plötzlich gelöst.

„Aber Ihr Vater braucht sich wahrscheinlich nicht mehr zusammenzureißen. Es ist wohl seine Art, alle zu ehren.“

„…“

„Da sind überall so viele Tote. Er waren so viele, auch nicht nur Menschen, einfach so eine große Zahl von Todesopfern um ihn herum. Deshalb dreht er sich ständig, oder?“

Auf einmal flossen die Tränen, die Michihiko bis dahin mit großer Bemühung in seinen Augen gehalten hatte. Er begann heftig zu schluchzen, und neben ihm weinte auch Aya, den Mund an ihre Knie gepresst.

Es war fast so, als würde wieder die große Flamme vom Obon-Fest die Dunkelheit vor ihnen erhellen.

Zum Fest für die hungrigen Geister hatten sich so viele Menschen in der Haupthalle versammelt, dass das frisch gebaute Fertighaus unter ihrem Gewicht gequietscht hatte. Auf Michihikos Aufruf hin hatte jeder irgendein Erinnerungsstück an einen Verstorbenen mitgebracht, um es zum Abschiednehmen zu verbrennen. Bei normalen Trauerzeremonien weinten schon viele Leute, aber er hatte selbst bei einer dermaßen traurigen Zeremonie keine Tränen vergießen können. Am Abend wurde ein großes Feuer in der Mulde angezündet, wo früher mal der Teich gewesen war. Die Menschen warfen die unterschiedlichsten Gegenstände ins Feuer und weinten dabei bitterlich. Das Wehklagen stieg zusammen mit den Flammen zylinderförmig in den Himmel hinauf. Das besonders laute Weinen hinter der wieder aufgestellten Kannon-Statue stammte von Aya.

Nun war es nicht das Weinen, das die Dunkelheit erfüllte, sondern die zirpenden Grillen. Es schien nicht von der Erde her zu kommen, sondern vom Himmel herunter zu schallen. Michihiko erinnerte sich an die vielen Priester, die in der Hitze beim diesjährigen Seelenfest von weit her aus Yamagata, Iwate und Fukushima gekommen waren, um mitzuhelfen. Es kam ihm so vor, als ob ihr Stimmenchor umhergewandert sei und nun gerade hier die Haupthalle im Tempel wieder erreichte. Plötzlich hörten sie jemanden weinen. Die kleine Mî war wohl aufgewacht. „Mama, Mama!“, jammerte sie.

Aya hastete zu Mî hinüber und kam dann mit ihr auf dem Arm zurück. Mî schien noch halb zu schlafen. Sie roch nach mit Milch verdünntem Curry.

„Guck, hier ist Herr Priester! Herr Priester!“, sagte Aya und neigte ihr Gesicht näher zu Mî hin. Da wurde Mî wach und rief: „Herr Priester! Tante Aya!“ Dann setzte sie sich auf Ayas Schoß und wurde ruhiger. Sie trug einen rosafarbenen Rock. Plötzlich drehte sie sich zu Michihiko und sagte:

„Herr Priester, meine Mama ist doch nicht gekommen!"

Erst verstand Michihiko überhaupt nicht was sie meinte, aber gleich darauf erinnerte er sich. Als Mî vor einigen Tagen in den Tempel gekommen war, hatte er ihr vor der Kannon-Statue gesagt: „Wenn du deine Mutter sehen willst, bete zu Kannon." Die kleine Mî konnte in der Dunkelheit wohl nur die Kannon-Statue ausmachen.

„Mama nicht und Papa nicht... keiner ist gekommen!"

Mî machte einen Schmollmund. Darüber runzelte Aya die Stirn.

„Ach so, deine Mama ist doch nicht gekommen. Dann ist es doch nicht so einfach gewesen. Kannst du mir erst einmal noch genauer erzählen, was für eine Mama war denn deine Mama?"

„Ja, das kann ich machen."

„War sie lieb zu dir?", fragte Aya.

„Ja. Aber sie war auch streng."

Mî zählte mehrere Erlebnisse auf, an die sie sich erinnerte.

„Ach so, deine Mama isst gerne diese Koalakekse. Da wäre ich nicht drauf gekommen. Pass auf! Ich mache einen anderen Plan. Und du betest weiter zu Kannon und bittest für deine Mama!"

„Ja, ich bete!", sagte sie, noch in den Armen von Aya, und machte ihre Augen zu. Sie faltete ihre Hände zu der Kannon-Statue hin links von ihnen in der Dunkelheit. Ihre ganze Gestalt wirkte weich und rund. Sie betete von ganzem Herzen. Michihiko sah sie an und war traurig.

„Nein, von hier aus geht es nicht. Du musst dich direkt davor hinsetzen und ordentlich im Tageslicht beten."

„Ja, mach ich."

Nach einer Weile fragte Aya Mî: „Weißt du, was das ist?", und zeigte in den dunklen Garten.

Mî neigte ihren Kopf und fragte zurück: „Was denn?"

„Du kannst die Geräusche hören, oder?"

„Ja, das kann ich hören. Aber ich weiß nicht, was das ist."

Die Finsternis wurde noch etwas dunkler und das Zirpen der vielen Grillen klang so, als ob es den ganzen Nachthimmel zum Erklingen bringen könnte. Als sie so zu dritt dem Zirpen zuhörten, kam es Michihiko so vor, als ob er, Aya und Mî auch den gleichen Laut von sich gaben.

„Du kannst ja Herrn Priester fragen."

„Herr Priester, was für ein Geräusch ist das?"

„Das da? Das sind wohl die Grillen."

„Gillen?"

„Grr-ril-len!"

Als Michihiko das „ri" betonte, machte Mî „ri" nach und lachte.

Nur einige Sekunden lang schien sie dem Zirpen zuzuhören, dann fragte sie ihn:

„Sind die Grillen mit ihren Mamas und Papas zusammen?"

Michihiko verlor einen Augenblick lang seine Worte, dann fing er sich wieder. Er bemühte sich, normal zu klingen, als er antwortete:

„Also, immer sind sie auch nicht zusammen. Manchmal sind sie zusammen, aber manchmal auch nicht. Das war mit dir bestimmt auch so."

Mî dachte einen Atemzug lang angestrengt nach. Michhiko wurde nervös. Dann legte Aya ihr Kinn sanft auf Mîs Kopf und sagte:

„Wenn die Grillen solche Geräusche machen, können sie vielleicht ihre Eltern wiedersehen."

„Hm. Also brauche ich nur zu Kannon zu beten!"

Mî sagte dies merkwürdig überzeugt und faltete ihre beiden Hände, die sie auf die Arme von Aya gelegt hatte. Da Michihiko nichts erwidern konnte, nickte er übertrieben langsam.

Es war ihm, als ob die zahlreich zirpenden Grillen alle Eltern und Kinder, die Brüder oder Schwestern, die Verwandten seien. Gleichzeitig waren sie es aber doch auch nicht. Auf jeden Fall brachten sie die Luft zum Schwingen, vorsichtig auf die Umgebung achtend.

„Die Grillen sind wie ich, Tante Aya, nein, Schwester Aya, und du. Alle singen zusammen."

Bei diesen Worten von Michihiko nickte die kleine Mî und lachte.

Bald darauf schlief sie in den Armen von Aya ein, aber die Grillen zirpten noch lange Zeit weiter.

Kotarôs Entrüstung

Dies war nicht das erste Mal, dass Maki in dieser Polizeistation war. Einige Zeit vor dem großen Erdbeben war sie schon einmal zusammen mit ihrem Mann Yôhei hier gewesen, um ein Bußgeld wegen Falschparkens zu begleichen. Sie hatten vorgehabt, in einem kleinen Supermarkt einzukaufen, aber der Parkplatz war schon voll gewesen. Also hatten sie kurzerhand ihr Auto am Straßenrand abgestellt und gemeinsam den Einkauf erledigt. Als sie dann zurück zum Auto kamen, hatte ein kleiner Zettel unter dem Scheibenwischer gesteckt.

Yôhei hatte das kurze Schreiben, welches zum Aufsuchen der Polizeiwache aufforderte, in die Hand genommen und Maki angestarrt. „Das ist ja was! Mit sowas verdienen die also ihr Geld“, sagte er aufgebracht.

Er ärgerte sich zwar nicht über Maki persönlich, aber immer, wenn er sich wegen irgendetwas aufregte, pflegte er Maki so anzusehen, als ob er sie mit Blicken durchbohren wolle. Er versuchte weder, sie von etwas zu überzeugen, noch wollte er, dass sie ihm beipflichtete. Vermutlich war er sogar fest davon überzeugt, dass er Makis Zustimmung hatte. Sein Blick ging geradeaus durch sie hindurch. Ohne ein Hindernis, wie radioaktive Strahlung. So äußerte sich wohl seine Entrüstung oder sein Zorn. Seit sie ein halbes Jahr lang verheiratet waren, hatte Maki jedenfalls angefangen es so einzuordnen. Bis dahin hatte ihr dieser Blick etwas Angst eingeflößt. Maki reagierte meistens, indem sie ihren Mund schloss und nichts sagte, ihren Blick seitlich abwendete und in die Ferne starrte. An diesem Tag vor dem Supermarkt hatte sie gezittert, da es leicht schneite. Und sie hatte Kotarô angesehen, den sie auf dem Arm trug.

Als sie nun daran zurückdachte, schien es Maki so, als ob Kotarô mit seiner Wollmütze damals seine Hände zu Fäusten geballt und Yôhei angestarrt hätte, als ob er den Ärger seines Vaters gut verstünde. Doch vielleicht bildete sie sich das auch nur ein.

Kotarô ging mit ihr die Treppenstufen der Polizeistation hinauf. Er hielt ihre Hand sehr fest, schwankte bei jeder Stufe etwas hin und her und zog sie fast die Treppe hinauf. Als sie ihn so von hinten betrachtete, stellte sie fest, dass sich wohl in ihren Erinnerungen leichte Veränderungen eingeschlichen hatten. Das Erdbeben war erst dreieinhalb Monate her. In dieser Zeit war Kotarôs Art zu laufen immer sicherer geworden. Sein Gang veränderte sich so schnell, dass man fast dabei zusehen konnte.

Es war merkwürdig, dass Yôhei jedes Mal, wenn er ihr erschien, andere Kleidung trug. Vielleicht träumte sie mit offenen Augen, aber wer konnte das schon sagen? Sie fegte zum Beispiel gerade die Straße vor dem Blumenladen, wo sie seit Kurzem arbeitete, und plötzlich kam es ihr vor, als ob Yôhei vorbeigekommen sei und ihr bei ihren Handgriffen zuschauen würde. Wenn er ihr so erschien, dann war er seltsamerweise immer auf eine Weise gekleidet, die er früher mit den Worten „Das passt nicht zu mir, viel zu schick!“ kategorisch abgelehnt hätte. Er lächelte sie verlegen an, sagte nichts und ging wieder fort in seinem unpassenden Anzug oder Sakko. Seine gelockten kurzen Haare waren unverändert, aber er erschien ihr niemals in seinem traditionellen Feuerwehr-Kittel, den er getragen hatte, als er verschwunden war.

Kotarô ging durch die automatische Schiebetür und blieb wie angewurzelt stehen. „Geradeaus, Kotarô!“, sagte Maki und schob ihn leicht nach vorne.

Wahrscheinlich hatte sich Kotarô erschrocken, als er die Stimme aus dem Funkgerät gehört hatte, das ein blau uniformierter Polizist in der Nähe in seiner Hand hielt. Als nächstes sagte ein Polizist mit weißem Helm laut etwas in sein Funkgerät. Danach salutierten einige Polizisten und verließen schnell das Gebäude. Trotzdem war weiter das Piepen und Rauschen von Funkgeräten und Stimmen zu hören. Maki fühlte sich unruhig. Sie nahm Kotarô, der mitten im Eingang stehengeblieben war, noch einmal an die Hand und ging mir ihm zusammen zum Schalter der Wache.

Als sie ihren Namen nannte, kam ein junger Mann im Anzug, der in der Nähe gewartet hatte, sofort zu ihnen. Er zeigte ihnen den Weg und ging voraus. Maki spürte auf sich gerichtete Blicke, von der Frau am Schalter der Wache und auch noch von einigen anderen. Diese Blicke waren völlig anders als damals beim Parkverbot, was im Grunde auch nicht weiter verwunderlich war.

„Vielen Dank für Ihre Mühe! Kommen Sie bitte hier entlang!“

Der junge Mann sagte dies sehr höflich zu ihr. Dann fragte er auf einmal Kotarô mit einer tieferen, verstellten Stimme: „Und wie alt bist du denn?“ Der Aufzug, in den sie nun alle zusammen einstiegen, war sehr eng, so dass Maki und der junge Mann nebeneinander zu Kotarô hinunterschauten. Plötzlich war es lautlos im Fahrstuhl. Kotarô schnappte sich die Hand von Maki und streckte den Zeigefinger, den Mittelfinger und zuletzt mühevoll mit Hilfe der anderen Hand auch den Ringfinger in die Höhe. Dann sah er zu dem Mann hoch, der fast senkrecht über ihm war, und stellte sich ungefragt vor.

„Ich heiße Kotarô Sekiguchi.“

„Aha, du bist also Kotarô! Du bist aber ein braver Junge!“

Kotarô schaute weiter nach oben. Sonst ließ er seinen Mund oft offen stehen, aber jetzt schloss er den Mund und zog seine Lippen mehrmals fest zusammen.

„Keine Sorge, es dauert nicht lange“, sagte der Mann und lachte, als ob er Kotarô damit beruhigen wollte. Kotarô blickte weiterhin ernst. Maki lächelte schwach an Kotarôs Stelle und schüttelte ihre langen Haare aus.

Ob DNA-Untersuchung oder nicht, in Kotarô floss ohne Zweifel das Blut ihres Mannes, dachte Maki. Er hatte seine gelockten Haare und auch die gleiche Stärke in den Augen. Und er hatte auch einen kleinen Teil von der Entrüstung seines Vaters in sich. So kam es Maki vor. Er drückte ihre Hand mit einer Stärke, die nicht zu seinem weichen, runden Händchen passte.

Zwei Tage zuvor hatte die Polizei angerufen. Am dem Tag hatte Maki ihren freien Tag von der Arbeit im Blumenladen und sie war gerade zusammen mit Kotarô zuhause in ihrer Wohnung. Als sie in dem kleinen Esszimmer an ihr Handy ging, lag gerade ein Holzpuzzle auf dem Esstisch verstreut, mit dem Kotarô hatte spielen wollen. Es war kurz vor dem Mittagessen.

Die Stimme am anderen Ende der Leitung bat Maki in einem ruhigen Ton, mit Kotarô zur Entnahme einer DNA-Probe vorbeizukommen. Die Proben der beiden sollten bei der Suche nach Yôheis Leichnam verwendet werden.

Da kam Kotarô aus dem anderen Zimmer herüber, kniete sich auf den Stuhl und fing mit dem Puzzle an. Er steckte ein Puzzleteil an die richtige Stelle. Das fertige Puzzle hätte ein Motiv mit zwei kleinen Katzen und einem Engel ergeben, die nebeneinander standen und in den Nachthimmel hinaufschauten. Es fehlte aber ein Stück vom Gesicht des Engels und auch wenn es fertig gepuzzelt war, blieb es immer unvollständig. Der Engel hatte lockiges Haar. Ob Kotarô wohl darin sich selbst sah? Oder erinnerte die braune Katze auf dem Puzzle ihn an ihren Kater Jirô, der in der Nähe ihres völlig zerstörten Hauses tot aufgefunden worden war? Jedenfalls räumte Maki dieses Puzzle immer wieder beiseite, aber Kotarô holte es sich jedes Mal kurz darauf wieder und fing an, es zusammenzulegen. Das ewig unvollständige Puzzle ließ Maki schmerzhaft die Abwesenheit ihres Mannes spüren. Wahrscheinlich hatte es für Kotarô vor allem die Bedeutung, dass es im letzten Herbst ein Geschenk seines Vaters gewesen war. Yôhei hatte Kotarô zum ersten Mal ein Puzzle gekauft.

„Die Leichname in den Leichenhallen hatten Sie sich bereits alle angesehen, oder?"

„... Ja."

Bei diesen Worten tauchten vor Makis innerem Auge sofort Reihen über Reihen von Särgen auf, ganze Turnhallen und Tempelhallen voll. Man hörte aus verschiedenen Richtungen Schluchzen, hier und dort standen Polizisten und Menschen in weißen Kitteln. Hier konnte Yôhei auf keinen Fall sein! Das war ihr einziger Gedanke, als sie hin und her ging, ohne dabei wahrzunehmen, was sich vor ihr befand. Es war, als wirbele ein Sturm um ihre Füße, der alles unerkennbar machte.

Der Mann am Telefon sagte: „Ich meine mich an Sie zu erinnern. Sie hatten doch vergeblich nach dem Ring gesucht, oder?"

„Oh, Sie sind der Polizist, der an dem Tag da war?"

In Makis Augen brannte es plötzlich furchtbar stark, sie konnte es kaum aushalten.

An dem Tag, als Maki am Rand der Turnhalle verzweifelt stehen geblieben war, hatte ein etwas älterer, freundlich wirkender, schlanker Polizist mit einer schwarzen Brille ihr angeboten, Yôhei für sie zu suchen.

Er hatte sie gebeten, Yôhei zu beschreiben: „Ja, er hat große Augen und ist 1,76 groß. Ach und vor allem sind seine Haare lockig, und er hat einen starken Gerechtigkeitssinn. Und eigentlich ist er ein herzensguter Mann, ach, aber natürlich geht es darum jetzt nicht! Oh, entschuldigen Sie bitte! … Ah, und mit seinen Zähnen könnte er einen Wettbewerb gewinnen! Er hat keinerlei Füllungen, Kronen oder Implantate. Ach, und am Ringfinger der linken Hand trägt er einen Ring. Der Ring war nicht teuer, aber ich habe den Ring für ihn ausgesucht. Kein Silberring, sondern ein Ring aus rot lackiertem Faden."

Als sie so weit gekommen war, kam Maki plötzlich auf den Gedanken, dass man mit diesen Informationen Yôhei ausfindig machen könnte. Da machte sie ruckartig den Mund zu. Dann erinnerte sie sich daran, wie Yôhei ihr gesagt hatte, bei seiner Installateurarbeit mit den Wasserleitungen würde ihn der Ring stören und er würde ihn dafür absetzen. Sie fragte sich, ob er den Ring dann bei der Feuerwehr wohl getragen hatte oder nicht. Maki war sich nicht sicher. Sie bemerkte, dass der Polizist und zwei Menschen in weißen Kitteln sie sorgenvoll betrachteten. Sie bekam sie immer größere Angst. Nun wusste sie auf einmal gar nicht mehr, was sie über Yôhei überhaupt mit Sicherheit sagen konnte. Sie hockte sich hin und plötzlich war all ihr Gefühl verschwunden.

Einige Zeit war vergangen, aber sie wusste nicht, wieviel. Der Polizist half Maki vom Boden auf und zeigte mit einer kleinen Kopfbewegung zur Seite: „Es gibt hier nur einen großen Mann mit lockigen Haaren, da drüben. Er hat aber keinen Ring. Möchten Sie ihn sich einmal anschauen?"

Vermutlich wurde Maki zu dem Sarg hinüber getragen. Als sie zu sich kam, stand sie vor einem Sarg. Um sie herum standen vier oder fünf Personen.

Maki blickte das fremdartig gewölbte weiße Tuch an und bewegte sich nicht.

„Die rechte Seite des Kopfes ist ziemlich zerstört worden, also bitte schauen Sie sich nur ein wenig die linke Seite an."

Maki konnte nichts erwidern und bekam keine Luft. Sie hatte ein Gefühl von starker Enge in der Brust.

Im nächsten Moment nahm ein Mann im weißen Kittel das Tuch etwas beiseite. Maki konnte sich auch heute noch deutlich daran zurückerinnern, wie sich ihr Hals anfühlte, als ob sie ersticken würde. Sie hatte nur unscharf sehen können, aber in ihrem vernebelten Blickfeld hatte sie etwas gesehen, ein Muttermal neben der Nase, das sich bei Yôhei dort nicht befand.

Maki sah zu, wie Kotarô das dritte Stück in das Puzzle einsetzte und war endlich in der Lage zu sprechen: „Vielen Dank, dass Sie mir damals geholfen haben!“ Sie hatte sich, ohne es bewusst zu tun, inzwischen auf den Stuhl neben Kotarô gesetzt. Ihre Hand lag auf seinem Rücken.

„Von den aufgefundenen Leichnamen haben wir DNA-Proben genommen, insgesamt von ungefähr eintausend Menschen. Wenn wir DNA-Proben von Ihnen und von Ihrem Sohn nehmen, können wir feststellen, ob sich Ihr Mann unter diesen gefundenen Leichen befindet oder nicht.“

„… Ich verstehe.“

Um ehrlich zu sein war sich Maki nicht sicher, ob sie wollte, dass Yôhei offiziell für tot erklärt wurde oder nicht. Selbst wenn es einen übereinstimmenden Leichnam gäbe, wäre der dann sowieso schon längst verbrannt worden. Sie hatte sich kein einziges Mal vorgestellt, dass man seine Urne irgendwo würde aufstellen können. Sie hatte Kotarô gesagt, dass sein Vater vielleicht irgendwann plötzlich zurückkommen würde. Und ihre Schwiegereltern im Sekiguchi-Pumpengeschäft hatten, egal wie schlecht es aussah, kein negatives Wort von sich gegeben. Sie hatten auch Kotarô gegenüber immer nur lächelnde Gesichter gezeigt.

Die Stimme am Telefon teilte ihr vorsichtig mit, dass mit Proben von den Eltern, wenn sie denn noch am Leben seien, eine bessere Wahrscheinlichkeit bei der Untersuchung erzielt würde. Yôhei war jedoch ein Kind aus einer früheren Ehe seiner Mutter. Daran hatte Maki schon lange nicht mehr gedacht. Als sie sah, dass Kotarô so konzentriert puzzelte, dass er dabei seinen Nacken versteifte, sagte sie leise: „Mein Mann und sein Vater sind keine Blutsverwandten.“ Während sie dies sagte, kam ihr etwas sehr falsch vor. Das ist doch hier nicht das Problem! Zwischen Yôhei und seinem Stiefvater gab es eine gewisse Höflichkeit, kaum zu bemerken, wenn man es nicht wusste. Aber war so etwas nicht auch bei blutsverwandten Eltern und Kindern nötig?

„Ach so, also in dem Fall könnten Sie bitte doch einmal mit Ihrem Kind vorbeikommen?“

Ihr wurde gesagt, mit der DNA des leiblichen Kindes könne man den Vater schon mit ziemlicher Sicherheit identifizieren, aber wenn man zusätzlich noch die DNA der leiblichen Mutter hätte, würde dies die Ergebnisse noch genauer machen.

Mithilfe ihres Schwiegervaters hatte Maki Anfang Mai endlich ihre jetzige Wohnung gefunden. Ihre alte Wohnung an der Küste war durch das große Erdbeben komplett dem Erdboden gleichgemacht worden. Übergangsweise hatten Maki und Kotarô im ersten Stock des Sekiguchi-Pumpengeschäfts gewohnt und die Mahlzeiten mit den Eltern von Yôhei gemeinsam eingenommen. Ihre Schwiegereltern waren wegen der unzähligen zerstörten Wasserleitungen mit den Aufbauarbeiten sehr beschäftigt und hatten neue Mitarbeiter einstellen müssen. Ein Tag nach dem anderen war in einem hektischen Taumel vergangen. Bald nach dem Umzug hatte Maki angefangen, in dem Blumengeschäft zu arbeiten und ihre Schwiegermutter etwas zögerlich gebeten, während ihrer Arbeitszeit auf Kotarô aufzupassen. Ihre Schwiegereltern nahmen Kotarô mit offenen Armen auf, aber ihr Enkelkind hatte sie bestimmt auch schmerzhaft an die Kindheit von Yôhei erinnert.

Einen Augenblick dachte Maki darüber nach, was ihre Schwiegereltern wohl überhaupt dazu meinten. Ob sie wohl wollten, dass ihr Sohn offiziell für tot erklärt wurde oder nicht?

Sie konnte sich an keine einzige Äußerung von den beiden in diesem Zusammenhang erinnern. „Ohne den Wiederaufbau der Wasserleitungen kann man das hier nicht als Stadt bezeichnen!“, hatte sie ihren Schwiegervater zu seinen Mitarbeitern sagen hören. Das hätte genauso gut auch Yôhei sagen können. Die Glatze ihres Schwiegervaters war anders als bei Yôhei, aber es gab doch viel, an dem man erkennen konnte, dass sie Vater und Sohn waren. Auf Yôheis Konto war seit der Katastrophe schon dreimal sein unveränderter Lohn überwiesen worden. Andererseits bedeutete das auch nicht unbedingt, dass ihr Schwiegervater, ein Realist, noch daran glaubte, dass Yôhei noch am Leben war. Ihre Schwiegermutter weinte nicht vor Leuten, aber es konnte auch nicht sein, dass sie gar nicht weinte. Vor allem aber hatten weder ihr Schwiegervater noch ihre Schwiegermutter je den Namen ihres Sohnes ausgesprochen, während der ganzen Zeit, als Maki bei ihnen gewohnt hatte. Es konnte natürlich nicht angehen, dass so ein unnatürlicher Zustand ewig bestehen blieb.

Maki hatte mit dem Telefon in der Hand eine Weile schweigend dagestanden. Kotarô, der ein Puzzlestück in der Hand hielt, was wie einer der Engelsflügel aussah, drehte sich zu ihr um und lachte sie an. Der Mann am anderen Ende dachte wohl, dass Maki vor der Prozedur Angst hatte und erklärte ihr in einem tröstenden Tonfall, dass die Probenentnahme sehr einfach vor sich gehen und die Ergebnisse schon zwei oder drei Tage später vorliegen würden. Da überlegte Maki sich, dass sie schließlich selbst diejenige gewesen war, die Yôhei vermisst gemeldet und die Polizei gebeten hatte, nach ihm zu suchen. Nun war sie eben so weit gekommen und es machte keinen Sinn, an dieser Stelle alles in Frage zu stellen.

„Ja, ich habe verstanden. Wir kommen vorbei."

Maki legte eine Hand auf die Wange von Kotarô und beendete das Gespräch. Dank Kotarô machte es wohl sowieso keinen großen Unterschied mehr, was dabei herauskam. Er war für sie wie ein Gewicht, das auf der Waagschale ein Gleichgewicht herstellte.

Die zweite Etage der Polizeistation war in helles Sonnenlicht getaucht und es wimmelte von Menschen.

Ein Polizist, den Maki schon vom Sehen kannte, stand sofort auf und zog seine Uniformjacke an. Maki sah die Menschen an den Schreibtischen nicht genau an, aber es wurde ihr hier zum ersten Mal klar, dass der Sommer kurz bevorstand. Durch die Fenster schienen starke Sonnenstrahlen herein. Menschen in kurzärmliger Kleidung hielten im Schatten ihrer Computer einen Moment inne und setzten dann ihre Bewegungen fort.

„Bitte nehmen Sie hier Platz!"

Vor der Sofaecke, die ihnen angeboten wurde, blieb Maki mit Kotarô stehen. Vor ihnen standen der Polizist, der sie vom Eingang hierher begleitet hatte, und der Polizist, der sie angerufen hatte. Der Polizist, mit dem sie telefoniert hatte, trug heute nicht wie beim letzten Mal seine Arbeitslatzhose, sondern einen Anzug. Als sich die beiden Polizisten hingesetzt hatten, bemerkte Maki, dass sie vom Alter her auch Vater und Sohn hätten sein können, aber es waren wohl Kollegen. Ein noch jüngerer Kollege servierte eine Tasse Tee für sie und sogar auch für Kotarô. Der Polizist mit der schwarzen Brille stellte sich vor: „Ich heiße Ambe." Und der Jüngere sagte: „Und ich heiße

Satô." Maki blickte auf sein gesticktes Namensschild und verbeugte sich. Über dem Namen waren vier gestickte kleine Kirschblüten, die ihn als ranghöher auszeichneten. Kotarô hielt Makis Hand fest umklammert und blieb zwischen dem Sofarand und ihren Knien stehen.

„Ach, und du bist also Kotarô. Du bist drei Jahre alt, oder?", sagte Herr Satô mit tiefer Stimme. Kotarô nickte nicht gleich, sondern starrte Herrn Ambe nur an. Kotarô war für sein Alter etwas größer als der Durchschnitt, 92 cm und wog 15 Kilo. Seine Schultern, die nur etwas breiter als sein Kopf waren, wirkten angespannt.

„Du heißt also Kotarô." Herr Ambe setzte noch einmal in einem freundlichen Ton an und Kotarô nickte prompt.

„Hat dir deine Mutter schon erklärt, was wir hier heute machen wollen?"

Kotarô nickte. Herr Ambe sagte mit sanfter Stimme: „Gut!" Dann blickte er zu Maki hinüber.

Vor zwei Tagen am Abend und noch einmal beim Frühstück diesen Morgen hatte Maki Kotarô jeweils erklärt, was es mit dem Besuch bei der Polizei auf sich hatte. Sie hatte auch Yôheis Eltern von der DNA-Untersuchung erzählt, einen Tag zuvor, als sie Kotarô mit ihrem kleinen Auto zu ihnen gebracht hatte, damit sie Kotarô hüteten, solange Maki im Blumenladen arbeitete.

Ihre Schwiegermutter fragte: „Haben die etwa die DNA-Proben von allen Vermissten?", und ihr Schwiegervater warf ein: „Nein, so ein Quatsch! Wenn jemand nicht gefunden wurde, dann haben die doch auch keine DNA von ihm. Es geht nicht um die Vermissten, sondern um die, die noch nicht identifiziert wurden."

Sie hatten darüber gesprochen, als Kotarô schon nach draußen zu dem Hund in den Garten gegangen war. Die beiden schienen überhaupt nicht auf den Gedanken zu kommen, sich zu überlegen, warum von ihnen nicht auch DNA-Proben entnommen werden sollten. Unabhängig von der DNA, nein, gerade weil es ihnen gleichgültig war, wirkten sie für Maki wie eine echte Familie. Yôhei war wirklich das Kind dieser Eltern.

Was Kotarô von den beiden gehört hatte, bis sie ihn abends wieder abholte, wusste Maki nicht. Wahrscheinlich hatte ihre Schwiegermutter Kotarô so etwas gesagt wie „Sei ein braver Junge, ich drücke dir die Daumen". Jedenfalls war Kotarô an diesem Morgen, als Maki das

Frühstück vorbereitete, von ganz alleine aufgestanden, was er sonst nicht machte. Er hatte es geschafft, alleine seinen Schlafanzug auszuziehen und sich angezogen, kam zum Esstisch, setzte sich hin und erklärte: „Heute gehen wir zur Polizei!"

Vor der Katastrophe hatte sich Kotarô unter Polizei wohl erstmal vor allem das bekannte Kinderlied von dem Hundepolizisten vorgestellt. An das Bezahlen des Bußgeldes bei der Polizei konnte er sich wahrscheinlich nicht erinnern. Einmal in der Kirschblütenzeit hatte Maki mit Kotarô am Strand gestanden. Sie konnten durch die Zerstörung unglaublich weit in die Ferne gucken. Dort sahen sie einen Trupp von Polizisten in der Nähe von umgestürzten Windschutzbäumen, der mit den Aufräumarbeiten des Schutts beschäftigt war.

Als Maki Kotarô kurz erklärte, was die Leute dort machten, sagte er: „Das ist ja so wie Papas Arbeit."

Obwohl er noch so klein war, hatte er wohl durchaus schon gut verstanden, was sein Vater machte, wenn er mitten in der Nacht in seiner Jacke von der Freiwilligen Feuerwehr das Haus verließ mit den Worten „Das machen wir für die Gemeinschaft!" oder wenn er auch an seinem freien Tag zur Arbeit ging, um eine Wasserleitung zu reparieren. Seit er die Polizisten an diesem Tag am Strand hatte aufräumen sehen, spielte die Polizei für Kotarô eine besondere Rolle. Und an diesem Morgen war er direkt nach dem Frühstück zum Zähneputzen gegangen, ohne dass Maki ihn daran erinnern musste.

„Die haben gesagt, für diese Sache ist deine DNA wichtiger als meine. Nur meine DNA alleine reicht nicht." Diese Worte hatten scheinbar auch auf Kotarô eine Wirkung gehabt, dachte Maki.

Herr Ambe und Herr Satô standen wortlos auf. Gleichzeitig setzten sich auch zwei junge Assistenten in Bewegung, die neben ihnen gewartet hatten, und stellten zügig weiße Stofftrennwände nebeneinander auf. Da durch die Trennwände die Schreibtische und die arbeitenden Menschen verdeckt wurden, wirkte es von innen auf einmal wie ein helles Zimmer in einer Praxis oder Klinik. Herr Ambe kam mit einem weißen Mundschutz und Gummihandschuhen erst etwas später als Herr Satô wieder zu ihnen herein. Herr Ambe hielt etwas in seiner Hand, was wohl das Gerät für die Entnahme der DNA-Probe sein musste. Es war eine rechteckige weiße Tüte, an der hinten eine durchsichtige Plastikfolie zu sehen war, in der sich ein himmelblauer Gegenstand befand.

Während die Vorbereitungen getroffen wurden, nippte Maki nun doch an ihrem Tee und forderte Kotarô auch auf, seinen zu trinken. Doch er verfolgte die Bewegungen der beiden Assistenten mit den Augen, ließ dabei seinen Mund offen stehen und goss schließlich den Tee über sein T-Shirt und auf den Boden. „Entschuldigen Sie bitte!“ sagte Maki. „Nein, kein Problem. Hallo, Sie!“, sagte Herr Satô, und daraufhin rannte einer der jungen Männer los und brachte einen Lappen. „Sie, Tee bitte!“, sagte Herr Satô wieder und der andere junge Mann brachte schnell eine Kanne Tee. „Oh, nein danke!“, sagte Maki und wollte gerade fortfahren mit: „Das ist nicht nötig.“ Da sagte Herr Ambe, der ihr gegenüber saß, in einem freundlichen Tonfall: „Es ist besser viel zu trinken und den Mund zu befeuchten.“

Er sprach nett mit ihr, aber trotzdem störte sich Maki etwas an der hierarchischen Art, wie die Polizei organisiert war, so als ob es einen Kopf gibt, der die Entscheidungen fällt, und die Hände und Füße, welche die Arbeit gehorsam erledigen. Dadurch wurden wohl sicherlich auch große Kräfte freigesetzt. Aber Maki ging durch den Kopf, dass es vielleicht auch so etwas in der Richtung war, was Yôhei dazu gebracht hatte, an jenem Tag zum Hafendamm zu gehen. Es brachte jetzt nichts mehr, darüber nachzudenken.

Was sie nun erwartete, war gar nichts Besonderes, das war ihr im Grunde klar. Aber sie spürte die Anspannung von Kotarô fast greifbar und diese Anspannung übertrug sich auf Maki. Sie war aufgeregt.

„Also dann, können wir mit Ihnen anfangen, Frau Sekiguchi? Kotarô, schau bitte gut zu!“

Herr Ambe machte die Folie von der Tüte ab und holte das himmelblaue Gerät heraus. Es hatte eine seltsame Form. Auf der Tüte stand „Whatman“. *What man*, was ist denn schon ein Mensch? dachte Maki. Was ist ein Mann? Was hatte Yôheis Leben überhaupt bedeutet? …

„Bitte stecken Sie sich das schmale Ende in den Mund und feuchten Sie den Schwamm mit Ihrer Zunge gründlich an. Achten Sie bitte darauf, dass der Schwamm vollkommen nass ist. Ansonsten werden später die von der Mundhöhle aufgenommenen Zellen nicht auf dieses

Papier übertragen. Wenn Sie den Schwamm nass gemacht haben, reiben Sie bitte als Nächstes so damit von innen über Ihre Mundhöhle."

Damit gab Herr Ambe das hellblaue Gerät einmal an Herrn Satô ab, steckte seinen Finger in den Mund ein und zeigte, wie man damit reiben sollte. Der Schwamm sollte nach außen gerichtet sein und damit Zellen von der Mundschleimhaut abnehmen. Herr Ambe nahm das Gerät wieder von Herrn Satô zurück und fuhr fort.

„Ich erkläre Ihnen auch kurz, was danach passiert. Wenn genug DNA aufgenommen ist, knicken wir dieses Teil hier ab. Hier sehen Sie einen Kreis, darauf wird der Schwamm dadurch ausgedrückt. Jetzt ist es rosafarben, aber dieses Papier wird weiß, wenn es genug Wasser aufsaugt. Dadurch ist die Entnahme abgeschlossen. Danach ziehen wir das hier raus und schreiben Ihren Namen auf die Rückseite der Tüte und versiegeln sie. Dann wird die Probe zu einem Forschungslabor der Präfektur geschickt und dort analysiert. Haben Sie soweit dazu irgendeine Frage?"

„Wie… wie wird das denn bei einem Leichnam gemacht?"

„Ja, also…"

Herr Ambe blickte einen Augenblick zu Kotarô hinüber, aber dann fing er entschlossen an, zu erklären: „Normalerweise kann man zum Beispiel an Zahnbürsten oder Kämmen Zellen finden. Aber die wurden ja alle auch vom Tsunami weggespült."

Herr Ambe fuhr ein bisschen zögernd fort. Wenn der Leichnam noch frisch sei, werde Blut aus dem Herzen genommen und wenn der Verwesungsprozess weiter fortgeschritten sei, dann nehme man ein Stück vom Fingernagel oder Fußnagel.

Er verzog das Gesicht, als ob er eigentlich nicht weitersprechen wolle. Schließlich sagte er, als ob er vor etwas kapituliert hätte: „Es macht keinen Unterschied welche Zelle man nimmt. Jedes Körperteil kann dafür verwendet werden."

Obwohl Maki ja selbst diese Frage gestellt hatte, ließ sie ihren Kopf hängen. Besonders als Herr Satô zusätzlich erläuterte, dass das Herzblut „zwischen der dritten und der vierten Rippe" entnommen werde, kam es Maki vor, als ob sich ein schweres Gewicht auf ihr Herz legte. Yôhei hatte an der Brust eine Delle, wo ihn einmal als Kind beim Baseballspielen ein Ball getroffen hatte. Yôhei war bei diesem Spiel der hinter dem Catcher stehende Schiedsrichter gewesen.

Der Catcher vor ihm war dem Ball plötzlich ausgewichen, weil er Angst vor einem vom Schläger abgesprungenen Foulball hatte. Der Ball war auf Yôheis Brust geprallt. Er hatte große Schmerzen, aber die hielt er bis zum Spielende aus und ging auch danach nicht zum Arzt. Maki hatte ihren Kopf oft auf seine Brust gelegt und hatte ihr Gesicht an dieser Stelle begraben.

Einige Sekunden versank Maki in einer Leere. Als sie wieder zu sich kam, hatte Kotarô seine Hand auf ihr Bein gelegt. Er blickte sie mit seinen großen Augen fest an, als wolle er sie aufmuntern.

„Sind damit alle Ihre Fragen geklärt?"

„Oh, ja. Vielen Dank."

Die Probenentnahme bei Maki war im Nu erledigt. Es war ihr allerdings etwas peinlich, sich unter den Blicken von Herrn Ambe, Herrn Satô und einem jungen Polizisten, der wohl noch in der Ausbildung war, im Mund herumzustreichen. Aber wichtiger als ihre eigene Scham war ihr, dass sie es Kotarô vormachte und ihm zeigte, dass es gar nicht schlimm war. Sie wollte ihn so gut wie möglich beruhigen. Kotarô hatte sich erst einmal auf das Sofa gesetzt, war aber wohl zu tief darin eingesunken, stand wieder auf und beobachtete nun stehend neben ihr, was sie machte.

Als Kotarô an die Reihe kam, nahm Herr Ambe seinen Mundschutz ab und beugte sich zu ihm hinunter.

„Kotarô, möchtest du mal probieren, das auch selbst zu machen, so wie deine Mama?"

Kotarô nickte sofort, aber Herr Satô sah Herrn Ambe etwas skeptisch von der Seite an. War es bei Kindern in solch einem Alter nicht angemessen, dass der zuständige Polizist oder die Mutter dabei half? Herr Satô sagte jedoch nichts und fuhr mit seiner Arbeit fort. Er nahm das Papier mit Makis Zellen vom Gerät ab und steckte es in eine Tüte. Die Tüte verschloss er und schrieb mit einem Kugelschreiber auf die Vorderseite Makis Namen, ohne sich dabei in der Schreibweise der Schriftzeichen zu irren.

„Kannst du schon alleine Zähneputzen?"

Kotarô nickte wieder sofort. Maki erhob keine Einwände, immerhin hatte er es an diesem Morgen tatsächlich alleine gemacht.

„Das hier ist viel einfacher als Zähneputzen! Es reicht schon, wenn Du ein wenig im Mund hin und her reibst", sagte Herr Ambe und setzte sich den Mundschutz noch einmal auf. Kotarô streckte vorsichtig eine Hand nach dem Gerät auf dem Tisch aus und wollte anfangen. Aber einen Moment eher nahm es schon Herr Satô in die Hand. Wahrscheinlich war genau aufgeteilt, wer welche Aufgaben übernahm. Vielleicht löste sich genau da die Anspannung von Kotarô. Er rief: „Pipi!“ Maki stand sofort auf und Herr Satô legte die Tüte hin und stand ebenfalls auf. Er kam mit ihnen auf den Gang hinaus, um ihnen den Weg zu zeigen.

Maki half Kotarô dabei, die Hose herunterzuziehen und stellte ihn vor das altmodische Toilettenbecken hin. Sie verließ den Raum. Herr Satô hatte seinen Mundschutz abgenommen und wartete auf sie.

„Wissen Sie, Herr Ambe hat beim Tsunami seine Tochter und sein Enkelkind verloren. Das Enkelkind war im gleichen Alter wie Ihr Sohn.“

Er sagte dies mit einer heiseren Stimme und zuerst konnte sie nicht begreifen, was er gesagt hatte. Dann aber verbanden sich die Worte langsam und ihre Bedeutung wurde ihr klar. Maki war auf einmal sprachlos. Sie wusste nicht, warum Herr Satô ihr dies sagte, aber nun konnte sie die Stimmung von Herrn Ambe einordnen, die sie in der Leichenhalle und am Telefon gespürt hatte. Maki nickte nur.

In der Zeit danach fühlte sich alles völlig anders an als vorher.

Für Maki war Kotarô vielleicht ein Gewicht auf der Waagschale, aber für Herrn Ambe war Kotarô vielleicht jemand, der Trauer oder Reue auslöste. Vielleicht erinnerte ihn auch Maki selbst an seine verstorbene Tochter. Maki wurde sehr unruhig und ihr Körper bewegte sich nur schwerfällig, sie war wie gelähmt.

Plötzlich tauchte in ihrer Erinnerung ein Telefongespräch mit ihrer Mutter in Shizuoka auf.

„Das Atomkraftwerk soll ja wohl auch gefährlich sein. Also, wie wäre es, wenn du mit Kotarô hierher ziehst?“

Maki war sich nicht mehr sicher, wann genau sie darüber gesprochen hatten.

Sie hatte geantwortet: „Shizuoka ist doch bestimmt ebenso betroffen. Ich kann hier nicht einfach alles so zurücklassen!“

Es kam ihr vor, als wäre das schon vor langer Zeit gewesen.

Ihre Mutter hatte gesagt: „Hier ist doch so ein schönes, warmes Klima.“

„Und hier ist es im Sommer auch angenehm kühl."

Darum ging es doch eigentlich gar nicht, aber sie hatten es nur geschafft, solche allgemeinen Themen anzusprechen, nicht das eigentlich Wichtige.

„Gut anlecken! Ja, super. Einmal stillhalten! Ja, noch nicht… noch etwas mehr!"

Wenn Maki die Augen zumachte, klang die Stimme von Herrn Ambe fast wie von einem Opa, der seinem Enkelsohn gerade etwas beibringt. Als Kotarô in seinem Mund herumrieb, wirkte Herr Ambe so, als wolle er jeden Moment aufstehen und Kotarô zu Hilfe kommen.

Kotarô stand mit geöffnetem Mund und großen Augen da, die Beine durchgestreckt, und versuchte seine Aufgabe zu erfüllen. Maki hielt eine Hand unterstützend an seinen Hals, aber ansonsten hielt sie sich zurück und überließ alles Kotarô und Herrn Ambe.

„Ja, genau, super! So ist es gut! Nun nimm es vorsichtig aus dem Mund heraus."

Herrn Ambe sagte dies, als ob er seinen Enkelsohn lobte, der beim Angeln einen Fisch gefangen hatte und ihn geschickt in den Fischkorb steckte. Kotarô wirkte auch ein bisschen stolz. Er beobachtete, was Herr Ambe tat und stützte sich mit den Händen auf dem Tisch ab.

Herr Ambe steckte das weiß verfärbte Papier in die Tüte und überreichte es Herrn Satô, der mit seinem Kugelschreiber Kotarôs Namen darauf schrieb. Damit war die ganze Prozedur beendet.

„Vielen Dank für Ihre Mithilfe!", sagte Herr Satô und plötzlich salutierte Kotarô. Seine beiden Füße waren nicht ganz zusammen gezogen und sein Po war etwas nach hinten gestreckt, aber sein Arm war gerade, bis in die Fingerspitzen gestreckt. Maki hätte um ein Haar losgeprustet, aber Herr Ambe, der Kotarô genau gegenüber saß, machte die Augen fest zu, lockerte den Mund ein bisschen, setzte seine Brille ab und stand langsam auf. Er setzte eine ernsthafte Miene auf und salutierte ebenfalls. Tief in der Nase von Maki begann sich etwas seinen Weg zu bahnen.

Herr Satô salutierte auch und da standen auch die beiden jungen Menschen hastig auf und salutierten. Als Maki dies sah, fing ihre Nase an in Strömen zu laufen. Kotarô machte weiterhin ein ernstes Gesicht, so als ob er gerade offiziell Bericht darüber abgeben würde, dass er seine Pflicht erfüllt hatte. Bis Herr Ambe sich über seine feuchten Augen strich, lachte keiner und sie blieben weiter stramm stehen.

„Was ist denn das gewesen, Kotarô? War das etwas, was nur Männer verstehen?"

Als sie aus der Polizeistation hinausgingen, fragte Maki Kotarô dies ziemlich ernst. Der ging an ihrer Hand und sagte: „Ja" und schien sich etwas zu genieren. Er wand sich mit dem ganzen Körper hin und her.

„Ich glaube, du kannst bald schon in die Kindertagesstätte gehen, oder?"

Bisher hatte sich Kotarô immer stark dagegen gewehrt. Maki dachte, dies sei eine gute Gelegenheit, es mal wieder zu versuchen. Wie erhofft, erwiderte er einfach „Ja."

Über ihnen lugte die Sonne heraus, was selten war in der Regenzeit, und strahlte ihnen warm auf die Köpfe.

Maki machte ihre Augen halb zu und blickte sich um. Yôhei, der ihr oft erschienen war, seit sie im Blumenladen arbeitete, war diesmal nirgends zu sehen.

Es kam Maki so vor, als ob sie zum ersten Mal bewusst wahrnahm, dass eine Jahreszeit von der nächsten abgelöst wurde. Sie wandte sich Kotarô zu und sagte: „Du, wollen wir auf dem Rückweg was zum Anziehen kaufen gehen? Weißt du, ich möchte mich mal wieder hübsch anziehen! Und für dich finden wir auch etwas Tolles!"

Maki fiel auf, was sie jetzt anhatte, das Kleid und die Strickjacke waren Sachen, die sie schon vor der Hochzeit besessen hatte. Das T-Shirt und die Hose von Kotarô hatte Maki im Winter gekauft. Sie wurden schon langsam zu eng und würden bald zu warm sein.

Kotarô sagte nichts und marschierte bloß weiter zu ihrem Auto hinüber. Maki dachte darüber nach, in welches Geschäft sie zum Einkaufen fahren wollte. Dann dachte sie: „Ach, ein neues Shampoo möchte ich auch noch besorgen." Sie ging mit ihren Turnschuhen mit abgenutzten Sohlen über den Parkplatz. Mit ihren Schritten holte sie dabei allmählich etwas weiter aus.

Der Wasserläufer

Sayuri saß in ihrem geparkten Auto, die Klimaanlage lief auf vollen Touren. Ihr Blick fiel auf die Dächer, die Bäume und Straßen um sie herum. Alles sah aus, als würde es im hellen Licht anfangen zu zerschmelzen. Sie murmelte „Cäsium". Den Klang dieses Wortes fand sie hübsch.

Im letzten Jahr, bevor all das passiert war, hatte sich Sayuri ein gerade erst erschienenes Buch angesehen, das „Bilderlexikon der schönsten Elemente der Welt". Das Buch hatte sich ihr Mann Kenta spontan gekauft, aber schon bald genug davon gehabt. Sayuri hatte sich darin besonders zu zwei Elementen hingezogen gefühlt, zu dem matt silbern strahlenden „K", Kalium, und zu „Cs", Cäsium. Dort stand, dass es sich in einer auf Körpertemperatur erwärmten Ampulle goldfarbig auflöse. Das kam ihr eher unheimlich als schön vor. Aber ihr hatte bereits damals der angenehme Klang des Wortes „Cäsium" gefallen. Sie sagte die Silben einzeln, Cä-si-um, und hörte dabei ihrer eigenen Stimme zu, genoss die kleinen Bewegungen ihrer Lippen am Wortende und spürte eine gewisse Streitlust in sich aufkeimen.

Erst einen Tag zuvor hatte sie einen Anruf von Chiharu erhalten. „Ich habe in der Zeitung eine Vorankündigung für den Tanz zum Obon-Fest gesehen", sagte diese. Aber als Sayuri nachfragte, stellte sich heraus, dass Chiharu sich schon in Sendai befand. Und sie wollte mit ihrer Tochter Mika zusammen Sayuri besuchen kommen. Chiharu wollte also herkommen... Ob das bedeutete, dass sie nach der ganzen Zeit, nach einem Jahr und fünf Monaten, nun aus Hokkaido wieder ganz hierher gekommen war, um zusammen mit ihrem Mann Naoki bei ihm hier in seiner provisorischen Unterkunft zu wohnen? Oder bedeutete es, dass sie wie so viele andere Leute aus Futaba nur für die paar Tage des Obon-Festes zurückgekehrt war? Sayuri fragte nicht nach und sagte einfach: „Ich komme dich vom Bahnhof abholen."

Neben dem kleinen Bahnhofsgebäude blühten die Weiderichgewächse. Von den knallrosa leuchtenden Blüten gab es diesmal viel mehr als sonst. „In Jahren, in denen diese Weiderichgewächse prächtig blühen, gibt es eine gute Ernte", hatte Kenta gesagt. Er war Gärtner, also musste er es ja wissen. Aber je besser die Reisernte dieses Jahr in Fukushima würde, desto trauriger wäre es. Andererseits wäre eine schlechte Ernte ebenfalls bedauerlich. Wie man es auch drehte und wendete, kam nichts Gutes dabei heraus. Sie runzelte die Stirn. Ihr war sehr heiß. Die Klimaanlage im Auto schien nichts zu bringen.

Plötzlich stellte sich Sayuri vor, wie sie mit Chiharu Eis aß. Sie befanden sich wohl an einem Holztisch draußen vor einem Laden, wo sie als Oberschülerinnen in den Sommerferien auf dem Rückweg vom Zusatzunterricht vorbeigegangen waren. Vor die beiden wurde in einer Glasschale ein Haufen Cäsium gestellt, über den süße Milch gegossen war. Sayuri nahm die Schale in beide Hände und sagte: „Wie schön!" Sie blickte auf das Metall, das golden dahinschmolz. Chiharu wirkte verlegen und starrte Sayuri an.

Sayuri erwachte aus ihrem Tagtraum. Was dachte sie sich da bloß aus! Sie kam ja auf immer gemeinere Gedanken. Das musste an der Hitze liegen. Sayuri streckte die rechte Hand aus und betätigte den Schalter, der alle Fenster des Autos herunterfahren ließ. Heißer Wind drängte ins Auto, und mit der drückend heißen Luft wehte vom Bahnhof herüber die Ansage, dass der Zug einfuhr. Es klang fast wie eine Sinnestäuschung.

Chiharu kam mit Mika an der Hand durch den Ausgang des Bahnhofs. In Sayuri stieg ein intensives Gefühl auf, welches sie jedoch nicht benennen, geschweige denn ausdrücken konnte. Also lächelte sie einfach und winkte den beiden zu. Sie sagte: „Hier ist es viel heißer als dort oben im Norden, oder?", und wollte Chiharu ihre große Tasche abnehmen. Aber Chiharu wich ihr aus und sagte: „Das geht schon." Also ging Sayuri stattdessen vor Mika in die Hocke und sagte: „Du bist aber groß geworden!"

Mika nickte nur. Sie nahm ihren großen weißen Hut ab. Auf der Stirn der Fünfjährigen klebten ihre verschwitzten, dünnen Haare, weich wie die einer Katze.

Sayuri konnte selbst nicht genau sagen, woran es lag, aber ihr wurde in diesem Moment klar, dass die beiden nur für das Obon-Fest hierher zurückgekommen waren. Sie ermahnte sich selbst wieder einmal, darauf zu achten, sich nicht mehr Hoffnungen als nötig zu machen und andere so wenig wie möglich zu kritisieren.

Wie viel sich Mika wohl noch an sie erinnern mochte? Sayuri wusste es nicht. Noch vor der Kirschblütenzeit letztes Jahr waren Chiharu und Mika von einem Tag auf den anderen aus der ersten Notunterkunft verschwunden.

Eigentlich hatten sich die beiden Frauen vor der Katastrophe ein paar Jahre aus den Augen verloren. Sayuri war in die Turnhalle gekommen, die als Notunterkunft genutzt wurde, um beim Küchendienst mitzuhelfen. Dort waren sie sich zufällig über den Weg gelaufen. Chiharu hatte Sayuri ihren Mann Naoki und Mika vorgestellt. Das war schon eine ziemliche Überraschung für Sayuri gewesen. Aber noch mehr wunderte es sie, als Chiharu eines Morgens ohne ein Wort der Ankündigung mit ihrer Tochter verschwand und ihren Mann dort zurückließ.

Sayuri und Chiharu kannten einander seit ihrer Kindheit. Das war eigentlich auch schon alles. Aber Sayuri hatte die Familie aus der Notunterkunft drei oder viermal zu sich nach Hause zum Abendessen eingeladen. Ihr Sohn Yûsuke und Mika waren im gleichen Alter und waren sofort Freunde geworden. Kenta und der ein Jahr jüngere Naoki hatten zusammen Sake getrunken und waren so ins Gespräch gekommen.

„Du erinnerst dich doch an mich, oder?“, fragte Sayuri und stand auf. Diesmal sagte Mika deutlich: „Ja!“

„Sie hat sich ganze Zeit Sorgen um Yûsuke gemacht.“ Chiharu schien das einfach so dahin zu sagen, aber Sayuri wusste nicht, wie sie darauf reagieren sollte. Warum bist du dann verschwunden, ohne ein Wort zu sagen? Warum hast du deine Handynummer geändert? Warum bleibst du in Hokkaido? Eine Frage nach der anderen wollte fast aus ihr heraussprudeln. Aber Sayuri nahm nur die Hand von Mika, sagte „Danke“ und fing an, von dem bereits menschenleeren Bahnhof in Richtung Auto zu gehen.

„Mein Auto ist schon etwas älter, aber steigt bitte ein! Ach ja, die Klimaanlage funktioniert leider auch nicht so gut.“

Obwohl der Motor nur kurz abgestellt gewesen war, hatte sich die Luft im Auto stark aufgeheizt. Die Hitze schien ihren ganzen Körper wie mit einer glühenden Masse zu umschließen.

Als sie losfuhr, wehte der Fahrtwind durch die offenen Fenster herein. „Tut mir leid, Sayuri!“ Es kam Sayuri so vor, als hörte sie diese Worte durch das Brausen des Windes.

„Hast du etwas gesagt?“, fragte sie.

Sie wandte sich kurz nach hinten um und sah, dass Mika ihren Kopf aus dem Fenster hielt und dass Chiharu ihr ebenmäßiges Gesicht ihrer Tochter zugewandt hatte. Sayuri drehte sich gleich wieder nach vorne. Chiharu antwortete nicht und Sayuri fragte auch nicht noch einmal nach.

Während der Fahrt fing Sayuri an, die aktuelle Situation in der Präfektur zu erklären, fast wie in einem Selbstgespräch. Die Lage im Atomkraftwerk war nun einigermaßen stabil, die Dekontaminierung war in Schulen und Kindergärten bereits abgeschlossen, die Strahlendosis war durch den natürlichen Zerfall gesunken. Schwierig war vor allem, sich ständig Gedanken um etwas Unsichtbares zu machen. „Mein Mann sagt, um etwas Unsichtbares kümmert er sich nicht. So weit würde ich dann doch nicht gehen. Aber manche Leute sagen auch, dass es gefährlicher ist, wenn man sich zu viel Gedanken darum macht und dann aus Bewegungsmangel hohen Blutdruck bekommt. Letztendlich weiß ich nicht, was stimmt. Die Leute leben einfach ihr Leben weiter. Ja, einfach ganz normal.“

Sie hörte von Chiharu keinerlei Reaktion. Trotzdem sprach Sayuri weiter, als ob sie es alles ausspucken würde. Vom Benzinmangel direkt nach dem Unfall und von der Gemüseentsorgung. Sie schloss mit den Worten: „Es war für uns alle eine schwere Zeit.“ Das war für Sayuri das größte Zugeständnis, was sie machen konnte.

Chiharu lehnte sich auf der Rückbank etwas zurück und wechselte das Thema.

„Ihr habt euch wirklich so viel um meinen Mann gekümmert.“

Das war wohl tatsächlich die größte Veränderung, seit Chiharu und ihre Tochter fortgegangen waren. Früher war Naoki in Futaba im Vertrieb von Büromaterialien tätig gewesen. Nach dem großen Erdbeben ging er von der Notunterkunft aus eine Weile immer wieder zum Arbeitsamt, aber letztendlich konnte er keine Stelle finden. Also hatte er kurz vor dem letzten Sommer angefangen, Kenta bei der Gartenarbeit zu helfen. Für Kenta kam dies wie gerufen, da er die anliegende Arbeit mit nur einem älteren Mitarbeiter nicht mehr bewältigen konnte. Er stellte Naoki gerne ein, der zwar schweigsam war, aber die nötigen Handgriffe schnell erlernte. Der Beruf des Gärtners, ebenso wie der des Dachdeckers, war allerdings ganz oben auf der Liste von Berufen, bei denen es unvermeidlich war, dass man verstrahlt wurde.

Ob und wie Naoki, der allein in der Notunterkunft zurückgeblieben war, und Chiharu, nachdem sie fortgegangen war, darüber gesprochen hatten, das wusste Sayuri nicht. Zumindest passte es überhaupt nicht zusammen, wenn der eine Gärtner in Fukushima wird und die andere nach Hokkaido evakuiert.

„Wir sind wirklich sehr dankbar für Naokis Hilfe!", sagte Sayuri. Es fiel ihr schwer weiterzusprechen, weil sie sich einfach keinen Reim darauf machen konnte, was zwischen Chiharu und Naoki vor sich ging.

Naoki arbeitete wohl auch gerade jetzt mit Kenta draußen in der prallen Sonne. Sayuri sah Naoki fast jeden Tag, aber Chiharu wurde zwischen ihnen nie erwähnt. Auch gestern Abend, als er nach der Arbeit kurz bei Sayuri zuhause vorbeikam, hatte er nichts über den geplanten Besuch gesagt. Sayuri hatte selbst den Anruf von Chiharu erst nach dem Abendessen erhalten. Ob vielleicht auch Naoki gestern Abend darüber noch gar nichts gewusst hatte?

„Naoki bringt uns auch viel über die Radioaktivität bei."

Kaum hatte sie dies gesagt, bereute Sayuri es. Aber nun konnte sie ihre Worte nicht mehr zurücknehmen.

Wie genau er sich seine Kenntnisse aneignete, wusste Sayuri nicht. Aber Naokis Erzählungen, mit immer neuen Details gespickt, hatten immer wieder dazu beigetragen, Sayuri und Kenta zu beruhigen. Die Halbwertszeit von Cäsium bei der inneren Strahlenbelastung betrage bei Einjährigen zehn Tage, bei Sechsjährigen einen Monat und nur bei Erwachsenen drei bis vier Monate, hatte Naoki erklärt. Das war viel glaubwürdiger als Kenta, der bloß sagte: „Mach dir einfach keine Sorgen!" Bestimmt hatte Chiharu diese Dinge schon direkt von Naoki gehört. Wenn sie dennoch nicht zurückgekommen war, dann führte dieser Weg wohl nicht weiter.

Chiharu schwieg einen Augenblick und erwiderte dann: „Ja, er recherchiert viel. Aber es ist etwas einseitig."

Diesen Eindruck hatte Sayuri nicht gehabt. Sie hielt an einer Ampel. Gerade ging eine ältere Dame vorbei. Sie arbeitete in einem Blumenladen und gab Sayuri oft von ihrem Gemüse ab. Sayuri sagte aus dem Auto heraus Hallo. Sie beschloss, so zu tun, als hätte sie Chiharus Worte in dem Windrauschen nicht gehört. Aber wenn Chiharu nun etwas sagen würde, würde das nicht funktionieren, weil das Auto nicht fuhr. Sayuri wurde nervös und sprach aus Verlegenheit die Dame an und bat sie um einen Tipp für die Schädlingsbekämpfung bei Blütenpflanzen. Die Dame kam bis auf die Fahrbahn, sagte ihr den Namen eines Insektenmittels und erklärte die Anwendung. Dann fügte sie hinzu: „Aber du darfst keine Insekten während des Obon-Festes vernichten, aus Respekt vor den Seelen." Dieser alte Brauch ist eine Stütze für das Leben der Menschen, die in dieser Stadt wohnen, dachte Sayuri. Sie bedankte sich kurz bei der Dame, senkte ihren Kurzhaarschopf in Andeutung einer Verbeugung, und schaute dann nach vorne in Richtung Ampel.

„Schau mal, Mika, da hinten ist eine Bühne für den Tanz zum Obon-Fest!"

Vor dem Rathaus war schon eine mit rot und blau gestreiften Wimpeln und Lampions verzierte Bühne aufgestellt worden, um die herum alle zum Obon-Fest in einem großen Kreis mit wiegenden Schritten einen traditionellen Tanz tanzen würden. Sayuri verabschiedete sich noch einmal von der alten Dame und trat auf das Gaspedal. Sie hatte viele Erinnerungen an den Tanz zum Obon-Fest. Als sie klein war, war sie oft zusammen mit Chiharu zu dem Tanz gegangen, beide im Sommer-Kimono. Sicherlich erinnerte sich auch Chiharu an damals. Sie hatten zusammen Zuckerwatte gegessen und bei dem Spiel mitgemacht, bei dem man versucht, Goldfische aus einem Becken zu schöpfen. Sayuri wollte jedenfalls glauben, dass sich Chiharu auch erinnern konnte.

„Hier kommen wir morgen Abend her!"

Sayuri sagte dies zu niemand Bestimmten. Sie fuhren in der Nähe der noch leeren Bühne vorbei. Mika und Chiharu neigten sich erstmals einander zu und Chiharu fing an, Mika etwas zu erzählen. Vielleicht war es eine Erinnerung von früher oder es waren Hinweise für sie, was sie in dieser Stadt beachten sollte. Sayuri konnte es wegen des Windes und der vielen Stimmen der Menschen auf der plötzlich vollen Straße nicht verstehen. Sonst waren hier eigentlich nicht so viele Menschen unterwegs.

Unterwegs hielten sie an einem Supermarkt und kauften zusammen für das Abendessen ein. Währenddessen sprachen sie nicht viel.

„Was machst du dort in Hokkaido?"

„Es gibt dort ja viele Menschen, die aus Fukushima evakuiert sind. Für sie ist ein ehrenamtlicher Verein entstanden. Da helfe ich ein bisschen mit. Wir setzen uns für regelmäßige Gesundheitsuntersuchungen für die Kinder ein, die jetzt außerhalb der Präfektur Fukushima sind, zum Beispiel für die Schilddrüse."

„Und wovon lebst du denn?"

„Ach, ich arbeite nur als Aushilfe in einem Supermarkt in der Nähe."

Während sie nur diese wenigen Worte wechselten, ging Sayuri durch die Gänge des riesigen Ladens und legte Fleisch, Tofu und Glasnudeln in ihren gelben Einkaufskorb. Da Chiharu darauf bestand, dass sie auch einen Teil zahlte, überließ sie ihr das Gemüse. Sayuri bemühte sich, nicht hinzusehen, woher die Waren kamen, die Chiharu auswählte. Trotzdem sah Sayuri, dass Chiharu eben wirklich Lauch und Shiitake-Pilze von außerhalb der Präfektur in ihren Korb gelegt hatte. Ob Chiharu wohl auch Unterhalt von Naoki und die Entschädigungszahlungen bekam?

Wenn man einen Knopf falsch zugemacht hat und danach einfach weiter knöpft, dann wird alles schief. Man muss erst alle Knöpfe wieder aufmachen. Sayuri stand in dem zu stark gekühlten Supermarkt und fühlte sich hilflos.

Bei Gemüse oder Fleisch hatte sie bisher nicht sonderlich auf die Herkunft geachtet. Wenn Sayuri für sich alleine entschied, kaufte sie inzwischen das preiswerte, schmackhafte und sichere Rindfleisch aus Fukushima ein. Weil sich Chiharu jedoch bestimmt damit nicht sicher fühlen würde, überlegte Sayuri, ob sie Fleisch aus Hokkaido oder Fleisch aus der Gunma-Präfektur kaufen sollte. Sie überlegte hin und her, dann tat sie die Packung aus Gunma in ihren Korb. Es wäre ihr auch komisch vorgekommen, extra ein Produkt aus Hokkaido auszuwählen.

Einen Augenblick lang war Sayuri kurz davor, Chiharu einfach zu fragen, ob Fleisch aus Fukushima für sie auch in Ordnung wäre. Aber ihr war eigentlich klar, dass sie das doch nicht so direkt fragen wollte. Sayuri hatte Angst. Sie wollte nicht von Chiharus Reaktion verletzt werden und sie wollte auch nicht so kurz nach ihrer Ankunft eine Diskussion anfangen, und dann auch noch vor dem Kind. Dass Chiharu direkt nach dem Unfall, als die Situation aussichtslos wirkte, nach Hokkaido geflüchtet war, konnte Sayuri akzeptieren. Aber warum blieb Chiharu immer noch dort?

Solange Sayuri nicht nach diesem ersten falschen Knopf fragte, war alles gut. Chiharu gab sich bestimmt in Hokkaido große Mühe, Mika zu beschützen und ein geregeltes Leben zu führen. Ja, Sayuri hatte Chiharu vertrauen können, schon als sie klein waren. Im Vergleich zu Chiharu war immer sie selbst die Unzuverlässige gewesen.

Kurz vor der Kasse legten sie noch Eis am Stiel dazu. Sie gingen zurück zum heißen Auto. Während die anderen ihr Eis aßen, fuhr Sayuri los. Keiner sagte etwas, und die Zeit schien sich wie in einem Wirbel zurückzudrehen.

Wenn sie Vater-Mutter-Kind gespielt hatten, war Sayuri immer der Vater gewesen und Chiharu die Mutter. Die Rolle der Kinder oder Gäste wurden von Chiharus kleinem Bruder oder von Jungen aus der Nachbarschaft übernommen. Chiharu brachte ein echtes Obstmesser von Zuhause mit, hackte ganz konzentriert Kleeblätter und anderes Kraut in kleine Stücke und richtete es auf Tellern an. Wenn Chiharu einmal von einer Sache überzeugt war, dann strengte sie sich dafür richtig an. Dies blieb auch so bei dem Lernen für die Aufnahmeprüfung und bei der Arbeitssuche. Sie studierte Anglistik an einer Fachhochschule in Fukushima und wurde bei der größten regionalen Bank angestellt. Dann wurde sie nach Futaba versetzt und heiratete dort Naoki. Wahrscheinlich hatte sie eine ganz andere Einstellung zum Leben als Sayuri. Sayuri hatte vier Jahre lang Kunst an einer Uni in Tokyo studiert, und obwohl sie die Uni abgeschlossen hatte, hatte sie danach in verschiedenen Teilzeitjobs einige Jahre vertrödelt und war dann ohne einen Plan für ihr weiteres Arbeitsleben nach Hause zurückgekehrt. Als die beiden noch ledig waren, trafen sie sich ab und zu auf Sayuris Initiative hin. Es war fast wie eine Fortsetzung von ihrem Vater-Mutter-Kind-Spiel. Chiharu lud Sayuri zum Essen ein und ließ sie auch häufig bei sich übernachten.

Als Sayuri Kenta kennengelernt hatte, waren Chiharu und Naoki gerade frisch verheiratet gewesen.

„Er ist ja Gärtner. Ich habe mich in diese besondere Art von ihm verliebt, mit lebendigen Wesen umzugehen, das ist so ästhetisch ansprechend!“ Wenn sie jetzt daran dachte, wie sie das Chiharu erzählt und um Rat gefragt hatte, war es ihr peinlich. Sie hatte auch gefragt, wie Chiharu und Naoki sich kennengelernt hatten, aber Chiharu hatte nicht darauf geantwortet. Also hatte sie noch mehr nachgefragt: „Warum wolltest du ihn denn heiraten?“ Chiharu antwortete mit einem barmherzigen Blick: „Er ist ein einsamer Mensch.“ Kenta war weder einsam noch ruhig oder vornehm und elegant, aber dann war bald Yûsuke auf dem Weg und Sayuri hörte auf zu überlegen, ob Kenta wirklich der Richtige war. Sie dachte nur ab und zu darüber nach, warum ihr Leben wohl so planlos verlief. Und seit dem Unfall von Fukushima hatte sie den Eindruck, dass das Leben insgesamt sowieso nicht in geregelten Bahnen verlief.

„Wenn wir Gäste haben, gibt es Sukiyaki-Eintopf!“, hatte Kenta sich in den Kopf gesetzt. Egal welche Jahreszeit, auch im Frühling oder Sommer, was immer der Anlass war und komme was wolle, für Gäste gab es Sukiyaki. Kenta bestand darauf. Vielleicht war diese Dickköpfigkeit so etwas wie eine geregelte Bahn im Leben von Sayuri. Aber sie erinnerte sich, dass sie sich kurz nach der Hochzeit deswegen sogar gestritten hatten. Jetzt brachte die Erinnerung daran sie zum Lachen.

„Was ist denn so lustig?“, fragte Chiharu und sammelte die Verpackungsfolien von ihrem Eis ein.

„Ach, danke! Ich habe mich nur an eine alberne Sache mit meinen Mann erinnert. Er ist im Gegensatz zu Naoki wirklich barbarisch. Erschrick dich bitte nicht!“

„Aber ich kenne ihn doch. Kenta ist ein lieber Mann.“

„Er ist zu dick und er hat ein böses Mundwerk. Und er besteht darauf, dass wir immer für Gäste Sukiyaki machen. Bei so einem Dickkopf kann man nichts machen!“

Vielleicht ist Kenta doch ein lieber Mann, dachte Sayuri, und sah auf die Einkaufstasche auf dem Beifahrersitz hinunter. Sein eigensinniges Prinzip „Sukiyaki für die Gäste“ sorgte nicht nur für Klarheit, sondern sparte auch tatsächlich der Hausfrau eine Menge Arbeit: Kenta bereitete Sukiyaki selbst zu und servierte es den Gästen.

Sayuri sagte: „Kenta wirkt vielleicht manchmal wie ein lieber Mann. Daraus zieht er bestimmt irgendeinen Vorteil.“

Chiharu lächelte nur schwach. Sie dachte möglicherweise genau wie Sayuri nun daran, ob denn Naoki ein lieber Mann war oder nicht.

Vor ein paar Tagen, bei einer Einladung zum Abendessen, hatte Naoki aus seiner provisorischen Behausung fünf Minuten zu Fuß entfernt eine Landkarte mitgebracht und sie Sayuri und Kenta gezeigt. In die Landkarte waren die durchschnittlichen Strahlenwerte von allen Präfekturen von vor 20 Jahren sowie der von irgendeinem Institut gemessene Strahlungswert von diesem Jahr eingetragen und farblich gekennzeichnet. Die Details hatte Sayuri wieder vergessen, aber das Wichtige war, dass es Städte in ganz unterschiedlichen Gegenden Japans gab, in denen höhere Strahlung gemessen wurde als in ihrer Stadt. Es gab auch viele Präfekturen, in denen der Wert von 1 Millisievert pro Jahr überschritten wurde. „Dann ist das Ziel, bis auf 1 Millisievert zu dekontaminieren, ja wirklich eine Riesenarbeit!“, sagte Kenta und lachte fröhlich. Als sie sich die Landkarte ansah, breitete sich tief in Sayuri endlich etwas Ruhe aus. Vor ihrem Haus war kürzlich knapp unter 0,3 Mikrosievert pro Stunde gemessen worden. Das war etwa auf dem gleichen Niveau wie die Werte an einigen Orten im Süden und Westen Japans. Genau dieses Recherchieren von präzisen Daten machte für Sayuri Naokis liebevolle Art aus.

Sie fuhren am Rathaus vorbei, an Reisfeldern mit vollen Ähren und an Notunterkünften, die in der Hitze glänzten. Sayuri machte mehrmals den Mund auf und setzte dazu an, von Naokis Karte zu erzählen, aber sie machte es dann doch nicht. Im Rückspiegel sah sie nur Mika, die wie ein Kätzchen mit halb geschlossenen Augen ihr Eis leckte, als ob sie dabei an gar nichts dachte.

„Hallo, Wasshoi!“ Das war immer das Erste, was Kenta sagte, wenn er nach Hause kam. Der kleine braun-weiße Hund Wasshoi rannte auf Kenta zu, seine Leine hinter sich herziehend. Er bellte dreimal hintereinander. Sie hatten den Hund am Morgen des Herbstfestes gefunden und bei sich aufgenommen. Daher hatte ihn Kenta Wasshoi genannt, so wie der Ruf zum gegenseitigen Anfeuern beim Fest. Die spontane Namensgebung ließ auf eine so ähnliche Einstellung schließen wie „Für die Gäste nur Sukiyaki", fand Sayuri.

Normalerweise ging Kenta dann als erstes mit Wasshoi einmal Gassi, aber an diesem Tag fing er an, im Garten zu werkeln. „Aus, Wasshoi! Nein, noch nicht!", sagte er und brachte die Stufenleiter und die blaue Plastikplane vom LKW in den von der Abendsonne durchfluteten Garten.

„Willkommen zurück!", rief Sayuri.

„N'Abend!", sagte Kenta.

„Mach bitte diesmal bei uns im Garten klar Schiff!", bat ihn Sayuri.

„Mach ich doch!"

„Ah, Naoki, vielen Dank! Komm bitte mal kurz her!"

Sayuri bat Naoki auf die Veranda. Er hatte ein langärmliges Hemd an und hielt eine Heckenschere in der Hand.

„Oh!", entwich Naoki ein Laut der Überraschung, als er Mika sah, die in der Nähe von Sayuri stand. Er hatte wohl zwar eine Ahnung gehabt, aber er klang sehr verblüfft. Mika ging zwei, drei Schritte auf ihn zu und rief: „Papa!" Da breitete Naoki seine Arme aus und ging in die Hocke, um Mika in den Arm zu nehmen zu können. Sie blieb jedoch stehen und kam nicht näher auf ihn zu, sondern kratzte sich verlegen am Kopf.

„Chiharu", rief Naoki zur Küche herüber. Sie erschien kurz in der Tür, mit den Frühlingszwiebeln und dem Schneidemesser in Hand, lächelte ein wenig in eine unbestimmte Richtung, machte aber keine Anstalten, hinüber zu kommen.

Sicherlich genierte sich Chiharu etwas vor Sayuri und Kenta. Trotzdem fand Sayuri dieses Wiedersehen einfach zu sang- und klanglos. Um es noch irgendwie hinzubiegen, versuchte Sayuri, Mika von hinten zu Naoki hinüber zu dirigieren, aber das kleine Mädchen entwischte und lief hinüber zu Yûsuke, der am anderen Ende des Flurs angefangen hatte, seinen Hirschkäfer zu füttern.

Eine Zeitlang waren nur die Geräusche aus dem Garten zu vernehmen, wie die Äste vom Buchsbaum und der Quitte abgeschnitten wurden, von der Kamelie und von der Stechpalme. Meistens war Kenta derjenige, der schnitt, und Naoki legte die Äste auf die blaue Plastikplane und trug sie dann auf das leere Grundstück hinter dem Haus. Wasshoi lief um sie herum und bellte. Das Abendrot wurde intensiver. Dann hörte man nur noch, wie die Äste weggeräumt wurden.

Während Sayuri die getrocknete Wäsche von Yûsuke und Kenta zusammenlegte, blickte sie auf und sah in den Garten. Sie sah die zwei Männer unermüdlich arbeiten und dachte an die Strahlenbelastung der beiden. Im letzten Sommer hatte Kenta von einem anderen Gärtner das Gerücht gehört, dass die Nadeln von Kiefern mit einhundert Becquerel belastet seien. Kentas Kommentar dazu war ganz klar: „Egal wie viel Becquerel, wenn die Haare wachsen, geht man zum Frisör. Und wenn die Bäume wachsen, muss man die Äste eben zurückstutzen." Naoki erklärte Sayuri prompt die Umrechnung von Becquerel zu Sievert und sagte, dass die Strahlenbelastung durch eine medizinische Untersuchung viel größer sei. Letztendlich wusste sie nicht, wie hoch denn der Wert von den Blättern und Nadeln anderer Baumsorten war. Allerdings glaubte sie schon, dass man zweifellos dabei verstrahlt wird, wenn man jeden Tag so viele Bäume beschneidet und so viele Äste und Blätter hin und her trägt.

„Auch wenn man gar nichts in der Richtung macht, kann man an Krebs erkranken. Meine Mutter zum Beispiel, die hatte auch Krebs. Und mein Chef ist eben vom Dach gefallen, bevor er Krebs bekommen konnte. Niemand weiß, was passieren wird. Es hat also sowieso keinen Zweck, sich Sorgen zu machen." Diese Argumentation hatte Kenta Sayuri mehrmals vorgetragen. Das war seine Lebenseinstellung, an der nicht zu rütteln war. Was Sayuri höchstens noch tun konnte, war das Gemüse, welches sie aus der Nachbarschaft bekommen hatte, beim Becquerel-Untersuchungsinstitut messen zu lassen, um eine zusätzliche innere Strahlenbelastung möglichst zu vermeiden.

Jemand hatte ihr empfohlen, Yûsuke in den Sommerferien zur Erholung in ein Ferienlager zu schicken. Er war aber noch zu klein, um allein dorthin zu fahren. Und für Sayuri war es undenkbar, in der Sommerzeit, wenn am meisten zu tun war, Kenta alleine mit den ganzen Aufgaben im Haushalt zurückzulassen. Die Idee mit dem Erholungslager hatte sie also schon im letzten Sommer endgültig verworfen. Die Gedanken um die schwer verständliche radioaktive Verstrahlung ließ sie rasch fallen zugunsten der Gedanken um ihre eigene

Familie. Ihr wurde klar, dass sie einfach nicht verstehen konnte, wie Chiharu, Naoki und Mika ihr Leben lebten.

„Hey, es ist Zeit zu baden!“, rief Kenta von der Veranda aus herein. Komme was wolle, jeden Tag wurde vor dem Abendessen gebadet, das war eine weitere feste Regel. „Ja-ha!“, rief Sayuri zurück und freute sich darüber, dass die Familienregeln so lächerlich streng eingehalten wurden.

Zuerst gingen Chiharu und Mika zusammen ins Bad. Währenddessen bereitete Sayuri das Wohnzimmer für das Abendessen vor. Yûsuke half dabei, den niedrigen Tisch zu decken. Mit Gästen wurde immer Sukiyaki im Wohnzimmer gegessen und das Essen fing erst an, wenn alle gebadet hatten. In Kentas Familie war das schon Tradition seit der Generation seines Vaters. Die Struktur stand fest, man brauchte nicht darüber nachzudenken, es änderte sich auch durch den Atomunfall nichts daran. Dann waren Sayuri und Yûsuke an der Reihe zu baden. Als sie Yûsukes braungebrannten kleinen Rücken schrubbte, überlegte sie sich, dass gerade diese Familienregeln ein Gefühl der Sicherheit erzeugten. Was für Familienregeln konnten Chiharu und Naoki wohl überhaupt haben?

Naoki ging zum Baden hinüber zu seiner provisorischen Behausung und kam dann wieder zurück. In der Zwischenzeit ging Kenta kurz mit Wasshoi Gassi und badete auch schnell. Als sich alle an den Tisch auf den Boden gesetzt hatten, zündete Kenta ein Räucherstäbchen auf dem Hausaltar in der Ecke des Wohnzimmers an. Dies war bei ihnen das Ritual, um das Abendessen zu beginnen.

Kenta tat wie immer eine erstaunlich große Menge Zucker und Sojasauce in den Sukiyaki-Topf. Früher war Sayuri noch selbst darüber sehr überrascht gewesen, und jetzt sah sie nur dabei zu, wie Chiharu vor Schreck den Mund aufriss und wie Naoki verblüfft in Lachen ausbrach. Dann war die Aufregung auch schon wieder vergessen, weil wohl alle es appetitlich fanden. Sayuri stellte den Ventilator an, um die Kochdämpfe zu vertreiben, und amüsierte sich über die Reaktion der drei Gäste.

Es kam ihr so vor, als ob Kenta heute weniger sprach als sonst.

„In letzter Zeit hatten wir bei der Arbeit viel zu tun. Wir sind ganz schön erledigt, oder?“, sagte Kenta zu Naoki. Vielleicht wollte Kenta auch auf seine Weise lieber nichts Falsches sagen. Als der Sukiyaki-Topf soweit vorbereitet war und vor sich hin köchelte, tranken Naoki und Kenta zügig einige Runden japanischen Schnaps, den sie mit Wasser verdünnten. Sayuri schenkte ihnen eine Runde nach der anderen ein und versorgte sie mit zusätzlichen Eiswürfeln.

„Jetzt könnt ihr loslegen, bedient euch!“, rief Kenta und damit fingen alle an, sich mit ihren Essstäbchen das Fleisch und Gemüse aus dem Topf in der Mitte zu nehmen. Chiharu kümmerte sich geschickt darum, dass die beiden Kinder gut mit Essen versorgt waren. Der Appetit von Yûsuke weckte auch Mikas Interesse und sie aß ordentlich. Vielleicht lag es daran, dass Chiharu das Gemüse selbst ausgewählt hatte, aber sie schien nicht nervös wegen des Essens zu sein. Darum hatte sich Sayuri Sorgen gemacht. Chiharu verteilte das Essen ohne zu Zögern auch auf die Schalen der Kinder und auch sie wirkte so, als ob sie das alles ganz entspannt nahm. Nach einer Weile setzte sich Mika zu Naoki hinüber. Er saß im Schneidersitz und sie passte genau in den Raum zwischen seinen Beinen. Chiharu und Naoki, die bis dahin kaum Worte gewechselt hatten, begannen leise miteinander zu reden. Sie sprachen über das Wetter und über die Wohnung in Hokkaido, darüber ob Naoki zugenommen hatte und wie es sich in seiner provisorischen Behausung wohnte. Es waren allesamt harmlose Gesprächsthemen, aber alleine nur zu sehen, wie die beiden friedlich miteinander sprachen, freute Sayuri. Sie dachte, das ganze Argumentieren mit komplizierter Logik hatte keinen Zweck – eine Familie sollte letztendlich einfach zusammenleben.

„Jetzt seid ihr Drei endlich mal wieder vereint! Das war ja eine lange Zeit“, sagte Kenta. Er verrührte sein drittes rohes Ei. Dann tunkte er einen Streifen heißes Fleisch in das Ei und fuhr fort: „Später in Naokis Unterkunft könnt ihr ja in Ruhe über alles reden.“ Die Blicke von Chiharu und Naoki trafen sich und sie blickten sich ein paar Sekunden lang an. Chiharu senkte als Erste den Blick. Danach tranken auch Chiharu und Sayuri ziemlich viel von dem japanischen Schnaps, etwas verdünnter.

Nach einiger Zeit begann es heftig zu regnen, und ein abendliches Gewitter zog herauf.

„Wasshoi!", rief Yûsuke, stand vom Tisch auf und rannte davon. Mika lief ihm nach ins Nebenzimmer. Wahrscheinlich waren die Kinder schon satt. Draußen grollte der Donner. Wasshoi bellte, wohl aus Angst vor dem Gewitter. Im Haus war zu hören, wie Yûsuke und Mika abwechselnd versuchten ihn zu trösten. „Wasshoi!", „Wasshoi!" Nun hörte sich sein Bellen so an, als wolle er über den kurz geratenen Gassigang jammern. Sayuri holte Nachschub vom Fleisch aus der Küche. Da kam Wasshoi aus seiner Hundehütte und fing im Flur an, mit seinen Vorderbeinen auf der Stelle zu treten. „Aus, Wasshoi!", tadelte ihn Sayuri, aber sie musste gleichzeitig lachen. Ging es nicht, zumindest beim Ausschimpfen einen anderen Namen zu nehmen?

Sayuri schloss das Mückengitter und die Glasfenster, ließ die Kinder im Nebenzimmer und ging ins Wohnzimmer zurück. Die drei blickten nach oben an die Wand. Dort hing eine Maske von der furchterregenden Dämonin Hannya, die Kentas Vater früher angeblich einmal irgendwo gekauft hatte. Sie blickte mit goldenen Augen aus der dunklen Ecke zwischen ein paar eingerahmten Urkunden und offiziellen Dankesschreiben auf sie herunter.

„Was gibt's denn?", fragte Sayuri.

Chiharu antwortete: „Ich hab gefragt, was das da für eine Maske ist."

„Die ist wohl wütend", sagte Kenta an Sayuri gerichtet.

„Ja, wahrscheinlich…"

„Aber auf wen denn? Auf Tepco oder auf den Premierminister?"

Sayuri und Naoki lachten über Kentas Witz, aber Chiharu sah nur weiter nach oben zu der Maske hinüber. Naoki, der eine Weile nur schweigend weitergetrunken hatte, drehte sich zu Sayuri und sagte: „Ich habe mal gehört, dass die Maske von Hannya eine eifersüchtige Frau darstellt."

Kenta protestierte: „Was, Eifersucht? Oh nee, hör mir bloß auf!"

Sayuri warf lachend ein: „Wieso, die Ehefrau wird doch zur Dämonin, damit ihr Ehemann nicht vom richtigen Weg abkommt." Auch diesmal lachte Chiharu nicht. Sayuri wollte noch etwas hinzufügen, aber ihr fiel nichts ein. Kenta nahm sich ein Stück Tofu. Er schien sich unbehaglich zu fühlen.

Eine Zeitlang aßen die Erwachsenen wortlos weiter Sukiyaki aus dem Topf und tranken dazu Schnaps. Das Gewitter verzog sich und auch Wasshoi hörte auf zu bellen.

Plötzlich hörten sie aus dem Nebenzimmer Yûsukes fröhliche Stimme: „Oh, Wasserläufer!" Weil das Gespräch über die Maske etwas Ungemütlichkeit in die Runde gebracht hatte, ging Kenta darauf ein und sagte: „Wasserläufer in der Nacht!", und ging hin, um zu gucken. Auch Naoki stand auf und murmelte: „Ich habe das Steinbecken gesäubert und neues Wasser eingegossen. Das hat ja schnell Wirkung gezeigt!"

Sayuri stand auch auf, nahm spontan die Maske von der Wand und sagte: „Warte mal kurz." Sie ging in die Küche, wischte die Maske mit einem nassen Tuch ab und gab sie Chiharu in die Hand. Chiharu hatte gerade das Gas des Sukiyaki-Kochers auf dem Tisch abgeschaltet, stand auf und nahm die Maske in Empfang. „Was die Kinder wohl machen?", sagte sie und ging mit der Maske in der Hand ins Nebenzimmer. Später überlegte Sayuri, wieso sie Chiharu die Maske gegeben hatte, aber sie wusste es selbst nicht.

Als Sayuri als Letzte ins den Flur kam, standen alle an der offenen Glastür und sahen hinunter auf das Steinbecken unter dem Ahorn. Der frisch gestutzte Ahorn, mit einer ganz anderen Form als gestern, spiegelte sich im Licht der hellen Quecksilberlampe auf der Wasseroberfläche. Seine Blätter waren noch nass vom Regen. Und tatsächlich waren da einige Wasserläufer. Sie liefen mit ihren sechs verschieden langen Beinen auf dem Wasser hin und her. Dort, wo ihre Fußspitzen die Wasseroberfläche berührten, funkelte das Licht.

Auf einmal machte Kenta den Mund auf: „Wisst ihr, woher das Wort für Wasserläufer kommt? Amembo?" Die Frage war wohl an die Kinder gerichtet. Aber Yûsuke und Mika guckten Kenta nur groß an und sagten nichts. „Du weißt das doch, Naoki, oder?", fragte Kenta. Naoki schüttelte den Kopf. Kenta fasste abrupt mit der rechten Hand an den Türrahmen, drehte seinen Kopf zu Sayuri und Chiharu um und schaute sie fragend an. „Weil sie nach dem Regen, Ame, hervorkommen?", vermutete Sayuri. „Nein, leider falsch!", rief Kenta fröhlich. „Das heißt, Ame in Amembo kommt nicht vom Regen sondern bedeutet etwas anderes?", fragte Naoki ruhig. „Genau, du Schlaumeier!", sagte Kenta und lächelte herausfordernd. „Was, echt?", rutschte es Chiharu und Sayuri im Chor heraus, was eine ziemlich dumme Reaktion war.

„Amembo, was könnte das denn bedeuten?" Kenta ging in die Hocke und fragte noch einmal die Kinder. „Hört mir nochmal zu: Ame... Was bedeutet Ame noch?"

Yûsuke wiederholte mit der gleichen Aussprache wie Kenta: „Ame."

„Ja, genau, Bonbon!"

Sayuri kreischte fast: „Was, Ame von Bonbon?!"

„Richtig!"

„Echt?" fragten Sayuri und Chiharu wieder im Chor. Wasshoi kam aus seiner Hütte um zu gucken, was los war, und fing an zu bellen. Yûsuke sprang vor Freude in die Luft, weil er die richtige Antwort erraten hatte.

„Aus, Wasshoi! Ja, das stimmt echt. Die Viecher sollen süß schmecken. Sie riechen wohl auch nach Bonbon, daher heißen sie Amembo – kleines Bonbon."

„Wer soll sowas gegessen haben? Alles Lügen! Niemals! Wer sollte denn jemals auf die Idee gekommen sein, einen zu essen?", schimpfte Sayuri. Chiharu sagte nichts, hielt die Maske in beiden Händen und starrte Kenta an.

Daneben sagte Naoki, der die Arme verschränkt hatte: „Ich bezweifele, dass ein Insekt nach seinem Geruch oder Geschmack benannt wird." Für Chiharu und Sayuri schien dieser Zweifel berechtigt und sie nickten zustimmend. Kenta bestand jedoch darauf: „Doch, doch, das stimmt auf jeden Fall! Guck mal später im Internet nach, das kannst du doch so gut. Ich habe mich selbst darüber gewundert." Damit war die Diskussion beendet. Es standen alle noch halb zweifelnd dort, da hob Kenta seine braungebrannten, kräftigen Arme in die Luft und rief: „So, morgen ist der Tanz zum Obon-Fest! Und davor schauen wir auf dem Friedhof vorbei. Und zum Schwimmbad sollten wir auch gehen! Da haben wir ja morgen ganz schön viel vor. Sollen wir dann für heute lieber langsam Schluss machen?"

Kenta verkündete lachend, was er alleine entschieden hatte. Dann hob er ein auf dem Boden herumliegendes Spielzeug von Yûsuke auf, einen Verwandlungsgürtel, und schnallte ihn sich um. „Meiner, meiner!", protestierte Yûsuke und versuchte sich den Gürtel zu schnappen, aber Kenta schüttelte ihn ab und drückte auf den Knopf. An dem Gürtel flackerten Lichter. Mit einem übertrieben Hüftschwung und unter großem Wedeln seiner Arme rief er theatralisch: „Verwandlung!“

„So ein Idiot“, lachte Sayuri schnaubend, aber sie war Kenta auch dankbar, dass er die Initiative ergriffen hatte, den nächsten Tag zu planen. Zum Tanzen würden sie wohl alle zusammen gehen, aber sie wäre froh, wenn Kenta davor die Kinder zum Schwimmen mitnehmen würde. Allerdings… „Oh!“, bemerkte auch Kenta das Problem. „Ach ja, sorry“, entschuldigte er sich, während der Gürtel um seine Hüfte weiter blinkte. Das Familiengrab von Naokis Ahnen befand sich im Sperrgebiet. Ob Chiharu auch bei ihren Eltern vorbeischauen wollte, war unklar. Sayuri fiel ein, dass die Mutter von Chiharu Ende letzten Jahres einmal bei ihr angerufen hatte, weil sie Chiharu nicht erreichen konnte und sie sich Sorgen machte. Chiharus Vater arbeitete immer noch als Notar und ihr jüngerer Bruder, mit dem sie Vater-Mutter-Kind gespielt hatten, half wohl auch im Notarbüro aus.

„Ihr könnt den Tag natürlich gestalten wie ihr wollt!“, sagte Kenta etwas bedrückt darüber, ins Fettnäpfchen getreten zu sein.

Danach spielten die Kinder mit dem Verwandlungsgürtel und riefen immer wieder: „Verwandlung!“ Die Erwachsenen räumten in der Zeit den Tisch ab. „Danke, den Rest machen wir nachher selbst“, sagte Sayuri und bedeutete Chiharu, mit Naoki zusammen nach Hause zu gehen. Aber Chiharu erwiderte: „Nur das hier noch“, und rieb den abgespülten Sukiyaki-Topf mit Salatöl ein. Die Maske lag auf dem Esstisch. Chiharu stellte sich davor und betrachtete die Maske lange. Dann war sie verschwunden. Etwas später hörte Sayuri eine hohe Stimme aus dem Nebenzimmer: „Mama verwandelt sich auch!“

Die Kinder kreischten so laut, dass Sayuri gucken ging. Chiharu hatte extra ihren Pferdeschwanz aufgemacht, stand in ihrer Baumwollhose stramm da und hielt sich mit beiden Händen die Maske vors Gesicht. Die Kinder fanden es anscheinend lustig, aber Naoki und Kenta, die nun dazu kamen, konnten nicht darüber lachen.

Chiharu und die Kinder alberten noch eine Weile herum. Naoki drehte sich auf einmal zu Sayuri um, als ob er plötzlich das Bewusstsein wiedererlangt hätte, und sagte: „Ich gehe schon mal vor zu meiner Unterkunft und mache die Klimaanlage an. Kannst du bitte Chiharu nachher den Weg dorthin erklären?" Er kratzte sich am Kopf.

„Oh, wollt ihr nicht lieber zusammen rübergehen?"

„Nein, die Behausung heizt sich so auf. Ich gehe lieber ein bisschen früher hin."

„Okay, dann machen wir es so."

Es stimmte tatsächlich, dass es in der provisorischen Behausung schnell heiß und auch schnell kalt wurde. Und weil es dort sehr eng war, war es auch schwierig, die Temperatur zu regeln. Sayuri sah Naoki nach, als dieser schnell durch den Garten lief, und es kam ihr irgendwie vor wie eine Ausrede. Auch wenn ihm die Maske an sich nichts ausmachte, hatte ihm die Verwandlung seiner Ehefrau vielleicht Angst gemacht.

Sayuri hatte sich ihr Nachthemd angezogen und sich gerade zwischen Kenta und Yûsuke in den Futon gelegt, als Kenta plötzlich die Augen aufmachte und sie leise fragte: „Es ist ja ohne große Zwischenfälle über die Bühne gegangen, oder?" Es brannte nur das Nachtlicht an der Deckenlampe. In seinen Augen spiegelte sich die kleine Glühbirne.

„Naja, nicht ganz", antwortete Sayuri.

Yûsuke lag auf dem Bauch und schien tief zu schlafen, aber Sayuri flüsterte.

„Wieso, was war denn?"

„Ich… habe Chiharu gefragt. Ob sie die Strahlenbelastung hier bedenklich findet. Sie hat…"

Plötzlich flossen Sayuri Tränen über das Gesicht.

„Sie hat gesagt, es sei ja nur für eine kurze Zeit, und deswegen wäre es okay."

Kenta zog die Augenbrauen zusammen, machte die Augen weit auf, streckte die Arme aus der Frotteedecke und starrte an die Zimmerdecke.

„So sieht sie das also."

Sayuri hörte ihn tief seufzen. Eine ganze Reihe unausgesprochener Dinge waren in diesem einen Seufzer enthalten. Mit diesem Ausatmen blickte Sayuri ebenfalls an die Decke.

„Ob sich die beiden wohl trennen werden?"

Das war die große Frage. Sayuri streckte die Hand aus, zog die Decke von Yûsuke zurecht und sagte dann: „Dass sie nicht an einem Ort zusammenleben, macht es fast unmöglich, zusammenzubleiben, oder? Wenn Naoki nach Hokkaido gehen würde, dann wäre das etwas anderes."

„Ah…" Kenta gab ein Geräusch wie noch einen Seufzer von sich, dann begann er plötzlich die Decke von sich wegzutreten und sagte aufgebracht: „Warum muss es so kommen? Was soll denn das?!"

„Schhhh, du weckst ihn noch!", mahnte Sayuri und umarmte Kenta fest. Aus Kentas Augen flossen Tränen. Sayuri war überrascht. Sie gab ihm einen Klaps auf seinen dicken Bauch und sagte: „Du Dummkopf". Sie selbst konnte ihre Tränen auch nicht zurückhalten.

Es war wohl gewiss ein Traum. Sayuri murmelte „Cä. Si. Um" und stand im Dunklen Chiharu mit der Hannya-Maske gegenüber. Der Boden, auf dem die beiden standen, begann sich langsam in eine Richtung zu neigen. Er wurde schräger und hielt kurz an, dann wurde er wieder schräger und blieb so stehen. Wie weit sich der Boden noch neigen würde, war ungewiss. Nach einer Weile schien sich Chiharu ein Herz zu fassen und sprang in die Dunkelheit hinein. Sayuri bemühte sich, aufzustehen. Chiharu mit der Maske winkte Sayuri zu sich hinüber. Aber Sayuri war sich nicht sicher, ob sich der Boden unter den Füßen bis dorthin fortsetzte. Sayuri stand auf dem schrägen Boden und schrie: „Cä. Si. Um!" An ihren Füßen begann eine goldene Flüssigkeit zu leuchten. Nun konnte sie schon nicht mehr zu Chiharu hinüberspringen. Die goldene Flüssigkeit stieg immer höher und in dem Moment, wo sie fast darin ertrunken wäre, wurde Sayuri wach. Sie wischte sich den Schweiß aus dem Gesicht.

In der kurzen Zeit, bis sie wieder einschlief, versuchte Sayuri, sich das Gespräch der beiden in Naokis provisorischer Behausung vorzustellen, aber ihr wollte dazu einfach nichts einfallen.

Am nächsten Morgen zirpte schon beim Aufstehen lautstark der Chor der Zikaden. Zu dritt aßen sie ihr Frühstück und wechselten dabei kaum ein Wort, so als hörten sie dem Zikadenkonzert zu. Da sich weder Naoki noch Chiharu bei ihnen gemeldet hatte, machten sich Kenta und Sayuri mit Yûsuke auf den Weg und fuhren mit dem

Auto zum Tempel in der Stadt, um dem Familiengrab den üblichen Besuch zum Obon-Fest abzustatten.

Auf dem Friedhof waren sie von noch mehr Zikaden umgeben. Auf dem Weg zum Tempel kreuzten viele Leute ihren Weg. Trotz der Menschenmenge war es ruhig genug.

Yûsuke wollte Zikaden fangen, aber weil es die Zeit vom Obon-Fest war, verbot Sayuri es ihm. Als sie den von Bäumen umsäumten Weg entlang gingen, fragte sie Kenta, warum es wohl im letzten Jahr so wenige Zikaden gegeben hatte. „Bei so einem starken Erdbeben sind bestimmt die meisten Zikaden noch als Larven in der Erde gestorben", antwortete Kenta. „Ja, wahrscheinlich", stimmte Sayuri ihm sofort zu. Dann dachte sie, dass selbst so eine Frage bei Chiharu und Naoki Auslöser für einen Streit werden konnte und das Herz wurde ihr schwer. Im Internet kursierten vorsätzlich in die Welt gesetzte schreckliche Gerüchte, wie dass die Zahl der Bienen oder Schwalben abnahm oder dass Hasen ohne Ohren zur Welt gekommen seien. Als sie vom Tempel wieder nach Hause zurückgekehrt waren, ging Kenta mit Yûsuke los zum Schwimmbad und sagte, dass er unterwegs Mika fragen würde, ob sie mitkommen wolle. Bestimmt wollte Kenta den Kindern eine Freude machen, aber er fand es wohl auch wichtig, dass Naoki und Chiharu Zeit zu zweit hatten. Sayuri wollte nicht darüber nachdenken, ob Chiharu bloß von Naoki seinen Stempel auf einem Scheidungsantrag haben wollte.

Als Kenta und Yûsuke unterwegs waren, schaute Sayuri aus Langweile nach draußen in den Garten und sah ein paar Wasserläufer im Steinbecken. Sie recherchierte mit ihrem Handy im Internet und fand heraus, dass die möglichen Schriftzeichen für das Wort Amembo nicht nur „Wasserfrosch" und „Wasserpferd" waren, sondern dass es tatsächlich auch die Zeichen für „Kleines Bonbon" gab. Erneut wunderte sie sich darüber und fragte sich das gleiche wie am Abend zuvor: Wer war nur auf die Idee gekommen, einen Wasserläufer zu essen? Und warum?

Gegen Mittag rief Kenta sie an und teilte ihr mit, dass er mit den Kindern unterwegs Curryreis zu Mittag essen und danach nach Hause zurückkommen würde.

Weder Naoki noch Chiharu ließen von sich hören und es wurde ein ruhiger Nachmittag.

Wasshoi hatte sich draußen auf der Erde hingelegt und schlief mit ausgestreckter Zunge. Sayuri gefiel die Ergebenheit, mit der er die Hitze ertrug, der er so hilflos ausgesetzt war.

Was sie die drei Stunden um die Mittagszeit gemacht hatte, blieb Sayuri kaum im Gedächtnis, außer dass sie sich aus Resten eine Mahlzeit mit gebratenem Reis machte und aufaß. An der Wand schlug Kentas Lieblingsuhr mit ihrem altmodischen Ton um ein Uhr, halb zwei, zwei Uhr. Normalerweise beachtete sie die Klänge der Uhr gar nicht, aber nun erschien es ihr, als ob die Schläge lange nachhallten. Es fühlte sich so an, als rücke die Zeit näher, sich einer wichtigen Entscheidung zu stellen.

Die drei waren vom Schwimmbad zurück und hatten schon geduscht, da kamen Naoki und Chiharu vorbei, fertig umgezogen für das Fest im Sommer-Kimono. Obwohl es schon fast vier Uhr war, hielt die Mittagshitze noch an und die Zikaden sangen unvermindert laut.

Naokis Kimono war mit Karpfen gemustert. Chiharu trug einen Kimono mit üppigen Hibiskusblüten auf weißem Stoff. Bestimmt hatte Chiharu die Kimonos besorgt und mitgebracht. Die leuchtend bunten Stoffe standen ihnen gut, aber im Gegensatz dazu sahen ihre Gesichter besonders traurig aus.

Naoki runzelte seine Stirn, was für ihn ungewöhnlich war, und es brauchte nicht viel, um seine Stimmung zu deuten. Aber Chiharus Gesicht war fast ausdruckslos, ihr Blick schwamm ziellos umher. Sayuri dachte, dass dieser Gesichtsausdruck seit den Tagen, als sie Vater-Mutter-Kind gespielt hatten, gleich geblieben war. Sie erinnerte sich, wie Chiharu als Mutter die Blätter fertig kleingehackt und aufgetischt hatte. Da hatte Sayuri, die den Vater spielte, mitgebrachte Kekse angeboten und Chiharu hatte genau so ein Gesicht gemacht wie jetzt. Als Chiharus kleiner Bruder freudig seine Hand nach einem Keks ausgestreckt hatte, hatte Chiharu ganz normal getan, ihren Mund fest verschlossen und ihr kleines Kinn nach vorne gestreckt.

Kenta und Sayuri zogen sich auch ihre Sommerkimonos an, ohne dabei miteinander zu sprechen. Yûsuke wurde auch ein Kimono angezogen. Kentas Kimono hatte ein Muster mit Donnergöttern und auf Yûsukes war Kintarô abgebildet, ein heldenhaftes Kind aus einem Märchen. Sayuri hatte sich zuvor sehr darauf gefreut, die Kimonos anzuziehen, aber nun heiterte es sie nicht im Geringsten auf.

Chiharu hatte Mika im Wohnzimmer umgezogen und kam heraus auf die Veranda. Kenta und Naoki saßen dort, zeigten auf die noch nicht fertigen Bäume und besprachen die noch vor ihnen liegende Arbeit. Da passierte es. Yûsuke ging an ihnen vorbei mit seinem Strohhut und den Sandalen. Auf seinem Rücken sah man Kintarô, der auf einem Bären ritt. Vielleicht wollte er einen Streich spielen, aber bestimmt wollte er auch wirklich einfach herausfinden, ob es stimmte. Yûsuke ging an Wasshoi vorbei, verfiel in einen schleichenden Schritt und kam an das Steinbecken. Er hatte eine kleine, durchsichtige Plastikschale in der Hand und stülpte sie über einen Wasserläufer. Dann grinste er die beiden Männer an, schnappte sich den Wasserläufer und steckte ihn sich in den Mund.

Eine Zikade in der Nähe hörte auf zu zirpen und flog weg, einen Moment lang war es still. Sayuri schimpfte: „Yûsuke, Nein!“, aber Kenta und Naoki waren vollkommen überrascht und lachten bloß. Da stürzte Chiharu zu Yûsuke hinüber, der Stoff ihres Kimonos wehte hinter ihr her.

Als sie auf Yûsuke prallte, fielen der Strohhut und die Plastikschale auf den Boden. Wasshoi bellte. Auch Sayuri und Kenta spürten, dass etwas nicht in Ordnung war, aber Naoki war derjenige, der zu ihnen lief und eingriff. Chiharu hatte ihre Hand in Yûsukes Mund gesteckt. Naoki hielt ihre Hand fest und umklammerte Chiharu von hinten. Die gegen den Strom schwimmenden Karpfen auf seinem Kimono zitterten.

Yûsuke fing an zu weinen. Wasshoi bellte heftig und Mika, die auf der Veranda saß, weinte auch los. Yûsuke war endlich losgemacht, und Sayuri schloss ihn in ihre Arme. Da schrie Naoki Chiharu laut an:

„Was sollte das denn?!“

„Aber das Cäsium... Das Cäsium im Wasserläufer...“, sagte Chiharu und fing an zu schluchzen. Keiner versuchte sie zu trösten. Bald ging sie wie geistesabwesend alleine nach hinten in den Garten.

Als Yûsuke aufgehört hatte zu weinen, fragte ihn Kenta: „War denn der Wasserläufer wirklich süß wie ein Bonbon?“ „Keine Ahnung“, sagte Yûsuke und stand verwirrt mit dem Verwandlungsgürtel in der Hand da.

„Darf ich mir die Maske ausleihen?“, fragte Chiharu. Hinter ihr blühte der Himmel in starken Farben des Abendrots.

Als Sayuri murmelte: „Klar, wenn du magst“, rannte Chiharu schnell noch mal zum Haus zurück. Als sie Sayuri außer Atem und mit klackernden Holzsandalen wieder einholte, trug sie die Maske schon vor dem Gesicht. Sie hatte sie sich mit einer rosafarbenen Schnur vom Kimono umgebunden. Es sah nicht so aus, als ließe sie sich leicht wieder abnehmen.

Sayuri dachte daran, dass viele ihrer ehemaligen Klassenkameraden, die weit entfernt wohnten, jedes Jahr zum Tanz beim Obon-Fest hierher zurückkamen. Und dieses Jahr waren zusätzlich noch die Leute dabei, die in den provisorischen Unterkünften lebten. Für Chiharu bedeutete dies zweifach ihr Gesicht öffentlich zu zeigen. Unter normalen Umständen wäre es erfreulich, diese Leute wieder zu treffen, aber in ihrer derzeitigen Lage war es für Chiharu wohl unerträglich, ihnen gegenüberzutreten.

Sie gingen am Flussufer entlang, wo gebastelte Papierlaternen den Weg erleuchteten. Da fragte Sayuri die maskierte Chiharu: „ Du kriegst doch keine Luft, oder?“

Die Maske starrte Sayuri an. Die goldenen Augen schienen in der schummrig beleuchteten Umgebung zu schweben. Es sah furchterregend aus, aber aus der Maske kamen Worte, die nicht dazu passten.

„Ich schäme mich, mein echtes Gesicht zu zeigen, eigentlich auch dir gegenüber.”

Sayuri wiederholte die Worte mehrmals in ihrem Kopf, wie um sich zu vergewissern, dass sie richtig gehört hatte. Dann erinnerte sie sich an Chiharus Gesicht, als sie einmal geweint hatte. Das war auf einer Totenwache gewesen, als ihre Klassenlehrerin aus der Mittelschule an Krebs gestorben war. Chiharu hatte ihren Mund soweit wie möglich seitlich auseinander gezogen und geweint.

Sayuri nahm ihren Mut zusammen und fragte: „Kannst du es nicht noch rückgängig machen?“

Chiharu blickte nach vorne und ging eine Weile geradeaus weiter, dann schüttelte den sie Kopf mit der Maske deutlich hin und her.

Yûsuke, der bei Sayuri an der Hand ging, lächelte zu Chiharu hinauf, schwenkte seinen Fächer und rief plötzlich: „Du spielst wieder Verwandlung!“ Er hatte wohl auch noch nicht vergessen, was am Nachmittag passiert war. Wenn Chiharu sich so schnell wie ein Kind verwandeln könnte, wäre es wohl nicht so weit gekommen.

Kenta ging als Erster voraus und ein paar Meter vor Sayuri ging Naoki mit Mika an der Hand. Sayuri konnte einfach nicht in ihren Kopf kriegen, was für eine Kraft Vater und Tochter auseinander reißen konnte.

Sie hörten die Klänge der großen Trommel, die Flöte und dazu die Obon-Musik aus Lautsprechern oben am Bühnenturm in der Mitte des Platzes. Kenta führte alle schnell an den Buden vorbei, wo man gebratene Hühnchenspieße, Würstchen oder Popcorn kaufen oder kleine Luftballons aus dem Wasser angeln konnte. Er rief: „Zuerst wird getanzt! Gegessen, getrunken und gespielt wird erst später! Und los geht's mit dem Tanz!“

„Was bestimmst du das denn alleine für uns alle?“, wandte Sayuri ein, aber Kenta mit den Donnergöttern auf seinem Kimono ging zu dem Kreis der hintereinander tanzenden Leute und fing an, mit wiegenden Bewegungen vor und zurück zu tanzen. Hinter ihm reihten sich Yûsuke mit dem Märchenjungen, Naoki mit den Karpfen und Chiharu mit den Hibiskusblüten ein. Mika, die einen Kimono mit Blüten auf einem dunkelblauen Stoff anhatte, rannte auch zu ihnen und reihte sich zwischen Yûsuke und Naoki ein. Die Straße vor dem Rathaus war von Musik und Licht erfüllt. Die Wärme der Menschen bildete um den Kreis der Tanzenden einen Strudel.

Sayuri starrte nur hinüber zu Chiharu, die maskiert tanzte. Es waren noch einige Leute auf dem Fest, die Narren-Masken aufhatten, aber Chiharu war die einzige mit einer Hannya-Maske. Es sah sehr unheimlich aus. Die Tanzenden vor und hinter ihr rückten etwas von ihr ab.

Sayuri kam es vor, als ob sie nun der maskierten Chiharu endlich sagen konnte:

„Chiharu, du kommst nicht mehr wieder hierher zurück. Ich frage auch nicht mehr, warum. Ich frage nicht. Aber ich bin einfach so traurig!“

Sayuri reihte sich auch in den Tanzkreis ein und konzentrierte sich nur auf den Ablauf der Bewegungen. Der Tanz symbolisiert die Bewegungen des Abschneidens und Bündelns bei der Reisernte. War es ihr verstorbener Schwiegervater gewesen, der ihr das früher mal erklärt hatte?

Chiharu blieb stehen. Sie hörte auf zu tanzen, ließ ihre beiden Arme kraftlos herunterhängen und bewegte die Maske leicht hin und her.

Sayuri ging tanzend an ihr vorbei. Sie entschied sich dazu, nicht mit dem Tanzen aufzuhören.

Am nächsten Morgen sagte ihr Naoki mit einem Gesichtsausdruck, der so wirkte, als ob er nicht genug geschlafen hätte, dass die beiden nach Hokkaido zurück gefahren seien. Er habe in die Scheidung eingewilligt und den Antrag abgestempelt. Sayuri fuhr sofort los und beeilte sich, noch rechtzeitig mit dem Auto zum Bahnhof zu kommen. Der Zug fuhr gerade ab. Die Weiderichgewächse blühten unverändert prächtig neben dem verlassenen Bahnhofsgebäude.

Sayuri kam zu dem Auto mit der kaputten Klimaanlage zurück und murmelte „Cä-si-um“. Ihr kam das Wort nicht mehr so schön vor wie noch zwei Tage zuvor.

Die Gottesanbeterin

Der Sommer neigte sich dem Ende zu, als Yamaguchi die Gottesanbeterin bemerkte. Jemand hatte ein Gemüsenetz an die Wand der provisorischen Unterkunft gehängt und mehrere Blumentöpfe auf die Erde gestellt, aus denen inzwischen Efeu rankte. Meistens befand sich die Gottesanbeterin entweder in einem der Blumentöpfe oder auf einer Zweigspitze in einer der nahestehenden Azaleen. Seit Yamaguchi aufgefallen war, dass es wohl immer die gleiche Gottesanbeterin war, hatte er angefangen, jedes Mal nach ihr zu suchen, wenn er wegging oder nach Hause kam.

In der Nähe gab es ein Wäldchen mit verschiedenen Bäumen. An jedem Gebäude der aufgereihten provisorischen Unterkünfte war außen eine Lampe angebracht, an der sich unzählige Insekten sammelten. Für die Gottesanbeterin waren dies wohl einfach gute Bedingungen, da sie immer Nahrung vorfand. Aber Yamaguchi sah etwas Besonderes in ihr. Es war schwer, dies in Worte zu fassen, und egal, wie er es ausdrückte, es kam ihm selbst merkwürdig vor. Er spürte durch die Gottesanbeterin Seikos Gegenwart.

Es war nicht so, dass er jemals ernsthaft dachte, die Gottesanbeterin sei tatsächlich die Wiedergeburt der im Tsunami umgekommenen Seiko. Dennoch, wenn die Gottesanbeterin zum Beispiel ihre typische kämpferische Haltung einnahm, kam es Yamaguchi so vor, als höre er Seikos Stimme, wie sie freudig „Bingo!“ rief. Seiko hatte sich einen Spaß daraus gemacht, zu wetten, was als Nächstes passieren würde, zum Beispiel, ob an einer Kreuzung das nächste Auto ein Lastwagen oder ein PKW sein würde, oder ob es weiß sein würde oder eine andere Farbe hätte. Es war nicht so, dass sie eine besondere Begabung zum Vorhersagen der Zukunft gehabt hätte. Wenn sie trotzdem gewonnen hatte, hatte sie ihre beiden Hände in einer ähnlichen Haltung wie die Gottesanbeterin vor dem Körper angewinkelt, die Hände zu Fäusten geballt und vor Freude gejubelt.

Yamaguchi hatte sie an dem Tag angerufen und sie nachdrücklich gewarnt, dass ein Tsunami angekündigt sei. Diesmal hatte Seiko nicht vorgeschlagen zu wetten, sondern fröhlich gesagt: „Mach dir keine Sorgen, unser Haus ist sicher!“, und hatte aufgelegt. Wahrscheinlich hatte sie daraufhin noch lange in der Küche das Durcheinander vom

Erdbeben aufgeräumt. In der Nähe ihres Hauses, dessen ganze Wand durch den Tsunami herausgerissen worden war, hatte man ihren Leichnam gefunden. Er befand sich in einem schrecklichen Zustand. Beide Hände hatte sie wie in einer schützenden Geste vor ihr Gesicht gehalten.

Es war auch Seiko gewesen, die ihm gesagt hatte, dass dieses Insekt Gottesanbeterin genannt wird. Was für ein merkwürdiger Zufall, dass die Körperhaltung, welche die Gottesanbeterin zum Kämpfen einnimmt, auch wie die Haltung beim Beten aussieht. Seit er das vor einigen Jahren zum ersten Mal gehört hatte, war es ihm ab und zu durch den Kopf gegangen, aber in der Hektik des Alltags nach ihrer Hochzeit hatte sich keine Gelegenheit mehr ergeben, wieder darüber zu sprechen. An dem Ort, wo Seikos Leichnam entdeckt wurde, war ihm, als sähe er Seiko. Sie betete, während sie kämpfte. Er imitierte unwillkürlich ihre Haltung, schlug sich die Hände vors Gesicht und weinte.

Ein Jahr und neun Monate nach dem großen Erdbeben, Anfang Dezember, gab es einen so starken Frost, dass auch die meisten Efeublätter abfielen. Die Gottesanbeterin stand unbeweglich auf einem knallroten Blatt, stellte ihre beiden Scheren auf und blickte starr in Yamaguchis Richtung. „Ich geh dann mal", sagte Yamaguchi, hockte sich hin und stülpte seine Hand über sie. Sie legte nur ihr dreieckiges Haupt etwas schräg.

„Gehen Sie schon wieder zur Dekontaminierung?", sprach ihn jemand mit lauter Stimme von hinten an. Ohne sich umzudrehen, wusste er sofort, dass die Stimme zu Herrn Katô gehörte, der in der gleichen Häuserreihe der provisorischen Unterkünfte wohnte. Noch bevor er sich zu ihm umdrehte, sah er Herrn Katôs Gesicht mit der etwas schlampig herunterhängenden Brille vor sich.

„Für Ihre Bemühungen sind wir ja sehr dankbar."

„Das hier ist mein letzter Dienst", erwiderte Yamaguchi lachend und nahm seine Hände wieder aus den Taschen seiner dicken Jacke, wo er sie schon zum Aufwärmen hineingesteckt hatte. Herr Katô murmelte: „Letzter Dienst?", und legte den Kopf fragend zur Seite. Dann hörte er sofort auf darüber nachzudenken und streckte stattdessen seine Hand nach vorne, in der er ein braunes Paket hielt.

„Hier bitte, das ist für Sie. Das hat mir eine Freundin geschickt."
„Oh, vielen Dank!"

Es waren eingelegte Gurken. Herr Katô liebte es, Sachen, die er geschenkt bekommen hatte, an andere zu verteilen. Manchmal fuhr er dafür sogar extra mit dem Auto herum. Er war 78 Jahre alt, also 12 Jahre älter als Yamaguchi, aber vielleicht lag es an diesen fast täglichen Geschenkerunden, dass er so gesund und munter war. Yamaguchi hatte ihn einmal stolz sagen hören, dass er sich hier in der Siedlung schon mit mehreren Damen angefreundet hatte, mit denen er Tee trank und tratschte.

Yamaguchi hatte Herrn Katô noch nie zum Tee eingeladen, aber er nahm die eingelegten Gurken einfach an, weil ihm klar war, dass er sie letztendlich sowieso annehmen müsste. Bisher hatte er von Herrn Katô und auch von dessen Frau, die schlecht zu Fuß war, Räucherstäbchen gegen Mücken, Batterien, Papiertaschentücher und Pfirsiche bekommen.

Yamaguchi wunderte sich, wie eisig kalt die Plastiktüte der Gurken war. Während er in sein Auto einstieg, fragte er Herrn Katô: „Gehen Sie auch weg?" Aber Herr Katô ging mit den restlichen Gurken in der Hand schon los in Richtung seiner Unterkunft. Er war etwas schwerhörig und vielleicht hatten die Worte ihn durch das Geräusch der schließenden Autotür nicht erreicht.

„Es ist kalt geworden!", sagte Herr Katô beiläufig und drehte sich um. „Ach!", sagte er mit lauter Stimme, „es ist ein Jammer, wo du doch so eine schöne Aussprache hast! Und dein Hochzeitssaal war so beliebt!"

Es dauerte einige Momente, bis Yamaguchi die Bedeutung dieser Worte verstand. Er hatte eigentlich gar nicht auf den Hochzeiten moderiert. Der Betrieb des Hochzeitssaals und seine Aussprache hatten keinen direkten Zusammenhang. Herr Katô schien zu glauben, dass Yamaguchi nicht mehr moderieren konnte, und bemitleidete ihn deswegen. Yamaguchi hatte vor der Katastrophe einen Hochzeitssaal geführt und sprach nicht den lokalen Dialekt, sondern akzentfreies Standardjapanisch. Nach dem Erdbeben war die Anlage vollkommen ruiniert gewesen. Nun wurde Yamaguchi klar, dass er in der provisorischen Unterkunft niemandem erzählt hatte, dass er lange in Tokyo gewohnt hatte oder dass er in Kanagawa geboren war. Seiko und ihm hatten das erstaunlich milde Klima und die günstigen Grundstückspreise zugesagt und sie waren erst vor zehn Jahren hierhergezogen.

„Oh ja... Aber da kann man nichts machen. Ich habe das vollkommen aufgegeben“, sagte Yamaguchi und schüttelte den Kopf.

Herr Katô, der dies gesehen hatte, kam wieder ein paar Schritte zurück und trat an das offene Autofenster. Er schüttelte den Kopf, schwang das Bündel mit den Gurken hin und her und sagte, fast wie ein quengelndes Kind: „Nein, nein! Nicht aufgeben! Immer weitermachen!“

Yamaguchi nickte leicht, fing an zu lachen, nickte noch einmal stärker und machte dann das Autofenster zu. Als er auf das Gaspedal trat, dachte er, dass genau so jemand wie Herr Katô in der Siedlung aus provisorischen Unterkünften gebraucht wird. Wenn Seiko da gewesen wäre, hätte sie sicher leise gesagt: „Er meint es ja nur gut. Und er weiß ja nichts von deiner Krankheit. Deswegen sagt er so was.“ Sie hätte dazu etwas gelächelt.

Im Wald auf dem Weg zur Landstraße blitzte das Sonnenlicht auf unzähligen Grabsteinen.

Wenn Yamaguchi gefragt hätte: „Warum werden die provisorischen Unterkünfte ausgerechnet an so einem Ort gebaut?“, hätte Seiko bestimmt geantwortet: „Das ging eben nicht anders. Man konnte die Unterkünfte eben nur an einem Platz bauen, der noch leer war. Du weißt doch selbst, dass es inzwischen keine guten, freien Grundstücke mehr gibt wie für unser *Shine Plaza*!“

Vor seinem inneren Auge tauchte der Hochzeitssaal auf, ein Gebäude aus Glas mit einem goldenen Phönix auf dem Dach, der in der Sonne glänzte, wenn diese über dem Pazifik aufging. Plötzlich erinnerte er sich rätselhafterweise an die Augen der Gottesanbeterin, als sie ihren Kopf etwas zur Seite geneigt hatte. Ihre Augen sahen aus wie von einem Roboter. Es war schwer für ihn, die Gemeinsamkeit genau zu benennen, aber der Ausdruck der Gottesanbeterin ähnelte dem Blick von Seiko, wenn sie den zehn Jahre älteren Yamaguchi getadelt hatte.

„Wie lange ist eigentlich die Lebenserwartung einer Gottesanbeterin?“ Als er unten am Friedhof das Lenkrad in die andere Richtung drehte, fiel ihm plötzlich diese Frage ein.

„Wenn Sie nichts mehr unternehmen, haben Sie noch ein halbes Jahr zu leben.“ Das war ihm im Krankenhaus in der Nachbarstadt gesagt worden, zum Herbstanfang. Also war die ihm verbliebene Zeit inzwischen wohl auf weniger als vier Monate geschrumpft.

Das war etwa ein Jahr nachdem, er in die provisorische Unterkunft eingezogen war. Direkt nachdem bei ihm Gallengangkrebs festgestellt wurde, entschied er sich dazu, als seinen letzten Dienst auf dieser Erde bei den Dekontaminierungsarbeiten mitzumachen.

Als ihn Dr. Kôji Takimoto anrief, war Yamaguchi gerade auf einem leicht geneigten silbernen Dach mit den Dekontaminierungsarbeiten beschäftigt. Ob durch diese Arbeit die Strahlenbelastung tatsächlich gemindert wurde oder nicht, war unklar. Deswegen wurde genau überwacht, ob dekontaminiert wurde. Yamaguchi trug Gummihandschuhe und wischte mit einem nassen Lappen das Dach gründlich ab. Vor Beginn der Arbeit war ein junger, von der Baufirma entsandter Mitarbeiter aufs Dach gestiegen, um zu messen und Anweisungen zu geben. Er maß mit seinem bügeleisenförmigen Dosimeter 0,5 Mikrosievert pro Stunde. Heute war ein für die Dekontaminierung geeignetes Wetter – weder Wind noch zu starke Kälte. Die Frage war nur, um wie viel die Strahlendosis durch diese Arbeiten bis zum Abend gesenkt werden würde.

Weil das Handy in der Tasche seiner Arbeitskleidung vibrierte, ging Yamaguchi zur nördlichen Seite des Daches hinüber, schob seinen Mundschutz auf das Kinn hinunter und nahm dann das Gespräch an. Er konnte sich nicht vor den anderen Arbeitern verstecken, die den Bambuswald auf dem hinteren Berg und die Büsche beschnitten, aber niemand beklagte sich über sein Telefongespräch.

„Spreche ich mit Herrn Katsumori Yamaguchi?“

„Ja. Oh, Dr. Takimoto?!“

Es war das erste Mal, dass Takimoto ihn anrief, aber trotzdem hatte Yamaguchi ihn sofort an seiner lebendigen Stimme erkannt.

Takimoto war ein junger Arzt, der aus der Uniklinik in Tokyo gekommen war, um in dem von der Katastrophe betroffenen Gebiet zu helfen. Yamaguchi erinnerte sich, dass er ihm wohl seine Visitenkarte nach einem Infoabend im Versammlungsraum der provisorischen Unterkunft gegeben hatte. Takimoto unterstützte die Durchführung von Messungen der Radioaktivität mit Ganzkörper-Messgeräten in den Städten am Meer, hielt von den Beamten der Sozialwohlfahrtsabteilung begleitet Infoveranstaltungen über die innere Verstrahlung in den Versammlungsräumen der verstreuten provisorischen Unterkünfte und führte auch ambulante Untersuchungen in einzelnen Wohnungen durch.

„Was ist denn los, so plötzlich?"

Bevor Yamaguchi diese Frage beendete, sagte Takimoto bereits: „Herr Yamaguchi," und fügte schnell hinzu, „ich bitte um Ihre Hilfe!"

Danach erzählte er sorgfältig, fast etwas ausschweifend, worum es ging, und Yamaguchi brummte nur noch ab und zu, um zu signalisieren, dass er zuhörte. Takimoto hatte sich in Kana verliebt, eine junge Frau, die im Rathaus arbeitete. Sie hatte ihn dabei unterstützt, die ambulanten Untersuchungen durchzuführen. Er habe beschlossen, sie zu heiraten und die beiden hatten vor, zusammen in dieser Stadt zu wohnen.

„Deshalb möchte ich Sie bitten, bei der Planung und Durchführung unserer Hochzeit zu helfen. Wir möchten sie in der Unterkunft ausrichten, wo Kana wohnt!"

Nach diesen Worten lachte er etwas beschämt.

Yamaguchi erinnerte sich an eine mädchenhafte junge Frau im Rathaus, die auch von ihren Vorgesetzten einfach Kana genannte wurde. Sie hatte große Augen und war sehr beliebt. Die beiden passten wahrscheinlich ganz gut zusammen und würden wohl ehrlich zueinander sein. Allerdings hatte Yamaguchi, der den Hochzeitssaal verloren und keinerlei Entschädigungen in Aussicht hatte, momentan nicht einen einzigen Gedanken an den Wiederaufbau seines Unternehmens verschwendet. Daher kam diese Anfrage für ihn sehr überraschend. Er stand auf einmal gedankenverloren auf dem Dach und drehte sich um zur Vorderseite des Hauses.

Er sah hinter der kleinen Siedlung in den Bergen ein Wäldchen mit Eichen, die noch braune Blätter hatten. Dort betrug die Strahlung, wenn ihn die Erinnerung nicht täuschte, auf einem Meter Höhe 1,3 Mikrosievert pro Stunde. Darüber erstreckte sich der wie so oft strahlend blaue Winterhimmel. Ihm war, als könne er spüren, wie die Radioaktivität von dort unaufhörlich herunterregnen würde.

Er war wohl zu schnell aufgestanden, denn plötzlich durchfuhr ihn ein Schmerz, als ob ein harter Knubbel seinen Rücken entlangrollen würde. Angstvoll dachte er an seinen Krebs, der vom Gallengang inzwischen auch Metastasen in der Leber gebildet haben könnte, und es war ihm, als wäre sein Blick von undurchdringlichen Wolken getrübt worden. Yamaguchi ging langsam in die Hocke, umklammerte sein Handy, versuchte seine Augen wieder scharf zu stellen und sagte, als er sich gefangen hatte: „Das ist ja wunderbar! Ich freue mich! Ja, gerne, Herr Doktor! Herzlichen Glückwunsch!! Genauso machen wir es!"

Später dachte er darüber nach und fand selbst, dass er nicht ganz Herr seiner Sinne gewesen war. Er hatte keinerlei Details bedacht, sondern sich einfach nur gefreut. In seinem Kopf erklang schon der große Applaus, den er in dem voll besetzten Hochzeitssaal oft vernommen hatte. Vielleicht entsprang seine Zusage dem Wunsch, die Schmerzen und die Angst zu überwinden. Auf jeden Fall willigte er in die Bitte von Takimoto ein, vereinbarte einen Besprechungstermin mit ihm und legte auf. Er dachte nicht einmal daran, die wichtigen Fragen zu klären, wie etwa nachzufragen, ob die Eltern der beiden der Hochzeit ihren Segen gegeben hatten.

Schon lange, bevor sich an Fachhochschulen oder bei Lehrgängen für Hoteliers Ausbildungen für die Organisation von Hochzeiten entwickelt hatten, hatte Yamaguchi in der Kanagawa-Präfektur eine Anstellung bei einem Hochzeitssaal gefunden und hatte sich durch das Erledigen der verschiedensten Arbeiten das Knowhow für den Ablauf der Zeremonien und Partys angeeignet. Vielleicht weil er zusammen mit seiner alleinerziehenden Mutter in der Kindheit wenige besondere Festlichkeiten erlebt hatte, übten die feierlichen Zeremonien eine große Anziehungskraft auf ihn aus. Später in Tokyo, als er Manager eines Hochzeitssaals war, hatte er so gute Kontakte, dass er manchmal direkt kontaktiert wurde, um ihn die Organisation von Feiern von Politikern oder *Rakugo*-Erzählern[3] durchführen zu lassen.

Der Titel auf seiner Visitenkarte änderte sich im Laufe der Zeit von „Hochzeitsplaner" über „Bankettmanager" bis hin zu dem etwas übertriebenen „Universalberater". Er hatte mehr und mehr zu tun. Nachdem er sich auch noch selbständig gemacht hatte, arbeitete

3 Anm. d. Übers.: Traditionelle japanische Erzählkunst, Form der Unterhaltung.

er aus eigenem Ehrgeiz noch mehr. Ohne genug Zeit, seine eigene Hochzeit zu planen, nahm er jeden Abend an den Trinkrunden zum Abschluss der Feierlichkeiten teil. In seiner Wohnung hatte er sich nur zum Schlafen aufgehalten.

Es war Seiko gewesen, die aus heiterem Himmel vorgeschlagen hatte, in diese Präfektur umzuziehen und dort selbst einen Hochzeitssaal aufzubauen. „Wenn Sie nicht anfangen, etwas Ruhe in Ihr Leben zu bringen, werden Sie noch krank", sagte Seiko eines Tages zu ihm, und es hallte in ihm wieder, als hätte er mitten in der Nacht alleine am Bahnhof eine Bahnhofsansage gehört. Und erstmals sah Yamaguchi seine langjährige Büroangestellte Seiko, die viel jünger war als er, als seine Lebenspartnerin.

Die erste Hochzeit im neu gebauten *Shine Plaza* fand zwischen Katsumori Yamaguchi und Seiko, geborene Mimori, statt. Als einzige Anwesende halfen sie sich gegenseitig und spielten alle Rollen, Braut und Bräutigam, den wortkargen Moderator bis hin zur Begleitperson ohne Aufgabe. Die Zeremonie bestand nur aus einem von Musik untermalten Hereinschreiten, dem gemeinsamen Anschneiden einer kleinen Hochzeitstorte, standardmäßigen Hochzeitsschwüren und einem ungeschickten Kuss. Sie umarmten sich in dem menschenleeren Saal. Als sie sich küssten, konnte man das Wellenrauschen aus der Ferne hören. Zu der Gegend hier hatte auch Seiko keinerlei Verbindung. Später, als sie das große Grundstück am Meer für ihr neues Haus besichtigten, gestand ihm Seiko: „Ich habe diesen Platz ausgewählt, weil ich hier keinen einzigen Verwandten und keine Freunde habe." Darüber war Yamaguchi überrascht gewesen. Natürlich hatten sie nie darüber nachgedacht, dass das drei Kilometer entfernte Atomkraftwerk so eine gefährliche Anlage war.

Der Hochzeitssaal war nicht mehr benutzbar und Seiko war ebenfalls nicht mehr da. Allerdings glaubte Yamaguchi, für Takimoto und Kana würde es möglich sein, eine Hochzeitszeremonie und ein Bankett zu organisieren. Es kam ihm so vor, als sei diese Aufgabe dafür bestimmt, sein wahrhaft letzter Dienst auf Erden zu sein. Auf dem Dach sah Yamaguchi nacheinander die einzelnen Paare vor sich, deren Hochzeitsfeiern er bis dahin organisiert hatte. Er erinnerte sich auch schmerzhaft an die zahlreichen Hochzeitsfotos, die er bei den Fundsachen aus den Trümmern des Tsunamis gesehen hatte. War für die Menschen eine Ehe nicht auch wie eine unkontrollierbare Strömung? Es kam ihm so vor. Er wandte sich innerlich schon Takimoto und Kana zu und erinnerte sich an Worte, die er bei den Beratungen von Paaren oft verwendet hatte:

„Jeder schaut sich am Anfang seine Hochzeitsfotos einmal an, danach werden sie oft hinten im Wandschrank verstaut und vielleicht gar nicht mehr so häufig herausgeholt und angesehen. Aber was auf den Fotos festgehalten ist, ist vermutlich eins der aufregendsten Ereignisse Ihres Lebens, und auch ein Moment, für den Sie am meisten nachgegeben haben. Das ist ein wunderbarer Aspekt, nicht wahr? Sie möchten den Bund der Ehe eingehen und bei diesem Wunsch sind Sie einer Meinung. Wenn wir jedoch anfangen, die genauen Details zu besprechen, dann ist es ganz normal, dass Ihre beiden Meinungen nicht von vornherein vollkommen übereinstimmen. Falls das überhaupt mal vorkommt, dann liegt es eher daran, dass einer von beiden seinen Standpunkt bei dieser Sache bereits aufgegeben hat. Aber das ist nicht gut. Ob es die Kleidung ist oder die Auswahl der Speisen oder die kleinen Geschenke für die Gäste, es ist wichtig, dass Sie jeweils einige Schritte aufeinander zugehen und sich so einigen, dass beide zufrieden sind. Durch das Aufeinanderzugehen ändert sich die Richtung komplett, in die der Fluss Ihres Lebens verläuft, und dieser Fluss wird auch breiter. Das werden Sie später garantiert erleben. Aufeinanderzugehen ist ein schöner Ausdruck, meinen Sie nicht?"

Aber selbst bei sehr jungen Paaren konnte er so etwas nicht sagen, wenn die Meinungsverschiedenheiten bereits klar aufgetaucht waren. In letzter Zeit hatten Paare sogar manchmal die ganze Hochzeit abgesagt, wenn in der Vorbereitungsphase ihre Meinungen weit auseinander gingen. Yamaguchis Trick war, sofort vermittelnd einzugreifen, wenn er spürte, dass die beiden sich über einen Punkt uneinig waren.

Ihm war so, als ob er den passenden Zeitpunkt für dieses Eingreifen durch die Beziehung mit Seiko gelernt hatte. Täglich ging er etwas auf Seiko zu und gab in kleinen Dingen nach. Sie setzte im Kleinen häufig ihren Willen durch. Aber war sie ihm im Gegenzug dazu vielleicht im Großen sehr weit entgegen gekommen? Yamaguchi hatte stets ein schlechtes Gewissen, da er selbst nicht besonders viel Erfahrung in Liebesdingen hatte.

Nach dem Mittagessen wischte er weiter das silberfarbene Dach ab. Dabei gingen ihm wieder die gleichen Gedanken durch den Kopf wie schon so häufig bei dieser Arbeit.

Wenn die Dekontaminierungsarbeiten tatsächlich notwendig waren, wie dachte der Staat dann über die Strahlenbelastung der Menschen hier, die die Arbeiten ausführten? Sie trugen nur normale Arbeitskleidung, Gummihandschuhe und einen einfachen Mundschutz. Sie sagten sich gegenseitig: „Das ist in Ordnung so", ohne dass dafür ein Grund vorlag, und wischten weiter die Dächer ab, reinigten die Regenrinnen und wuschen die Wände ab, manchmal mit Hochdruckreinigern oder anderen schweren Maschinen. Sie trugen die obersten fünf Zentimeter Erde in den Gärten ab. Dann verstauten sie alle Stoffe, die bei diesem Reinigungsprozess angefallen waren, in große schwarze Müllsäcke. Was man lange Zeit sorgfältig gehegt und gepflegt hatte, steckte nun in riesigen Säcken. Wenn es innerhalb eines Umkreises von 20 Metern ein Bambusgebüsch oder ein Wäldchen gab, musste es auch abgeholzt und zu der provisorischen Mülldeponie gebracht werden. Waren es nicht im Grunde das Land selbst und das Leben, die dort weggeschmissen wurden? Auf jeden Fall war es das Ziel, die Strahlendosis unter 0,23 Mikrosievert pro Stunde zu senken, um auf unter 1 Millisievert pro Jahr zu kommen.

Wenn Yamaguchis Blick auf die gigantischen Wälder in der Umgebung fiel, kam er sich unsäglich machtlos vor. Daher bemühte er sich, möglichst nur auf seine Hände zu schauen und rieb weiter das Dach ab. Zweifellos ging mit der Dekontaminierung gleichzeitig auch die Verstrahlung der Arbeiter einher. Weil die Verstrahlung gefährlich war, sollte die Dekontaminierung ja durchgeführt werden. Aber wenn die Arbeiter vor der Verstrahlung Angst hatten, konnten sie eigentlich diese Arbeit gar nicht übernehmen. Hieß das, die Devise war: „Stellt euch dumm"? Es gab in Japan zwei Gruppen von Leuten, Leute mit Angst vor der Strahlung und Leute ohne Angst. Das war wohl auch gut so. Also hatte der Staat beschlossen, diese große Kluft in der Präfektur einfach so zu belassen.

„Warum machst du dir denn überhaupt so fiese Gedanken?", würde Seiko wohl sagen. Natürlich hatte auch Yamaguchi keine Lust, in eine negative Richtung zu grübeln und sich dann nur zu ärgern. Die Verstrahlung auf dem Dach sollte 0,5 Mikrosievert pro Stunde betragen. Das war die gleiche Strahlendosis wie in der heißen Radiumquelle in der Stadt. Dort gingen die Leute zum Baden hin und er hatte schon oft gehört, dass Leute meinten, ihren Krebs durch die Besuche bei den heißen Quellen geheilt zu haben. Ob er vielleicht durch das Abwischen der Dächer und die Strahlen, denen er sich damit aussetzte, gleich eine Strahlenbehandlung für seinen Krebs mitbekam? Es bestand zumindest die Möglichkeit.

„Was sagst du da schon wieder Extremes?“, hörte er Seiko sagen.

„Wenn ich mir so etwas nicht wenigstens überlege, kann ich mit dieser Arbeit nicht weitermachen.“

„Aber es soll doch dein letzter Dienst sein, oder?“

Bei Diskussionen hatte Seiko immer das letzte Wort. Daran erinnerte er sich auf dem Dach. Als er sich aufrichtete und dabei etwas taumelte, wurde er von unten angesprochen:

„Bitte machen Sie den Lappen ganz nass und tauschen Sie ihn ruhig häufig aus.“ Das war der junge Mann von der Baufirma.

„Ja, ich habe verstanden.“

Er antwortete gehorsam und verbeugte sich. Da schoss ihm wieder eine Welle des Schmerzes durch den Rücken. Ihm war klar, dass es besser wäre, wenn er den Lappen immer wieder feucht machen, auswaschen und auch immer wieder austauschen würde. Aber es war für ihn sehr beschwerlich, ständig die Strecke bis zum Eimer hin und zurück zu gehen.

Bis zum Abend arbeitete er weiter. Dabei kamen und gingen die Schmerzen, aber trotzdem wusch er den Lappen immer wieder, tauschte ihn mehrmals aus und wischte unablässig mit kräftigem Druck das Dach ab. Trotzdem änderte sich die Strahlendosis auf dem Dach kaum. Von seiner ganztägigen Arbeit war nur vorzuweisen, dass das Dach des Häuschens, in dem früher einmal Tabakblätter getrocknet worden waren und das nun nicht einmal mehr benutzt wurde, schlicht und einfach vom Dreck gereinigt worden war. Im Garten am Hauptgebäude des Grundstücks, wo schwere Maschinen eingesetzt worden waren, war die Strahlendosis jedoch um die Hälfte des Werts vom Morgen gesunken. Deshalb sagte der junge Mitarbeiter: „Sehr gut, bitte machen Sie weiter so!“, und ging eher als der Rest der Leute nach Hause. Man konnte diese Fläche dort eigentlich schon nicht mehr als Garten bezeichnen. Letztendlich war eben die Halbierung der Strahlendosis das Hauptziel.

Bei dem gegenwärtigen Tempo schafften sie mit einer Gruppe von vier Leuten die Dekontaminierung eines durchschnittlich großen Hauses in etwa vier Tagen. Das war nicht besonders schnell im Vergleich zu dem Zeitplan. Aber die Pläne waren ohnehin gemacht worden, bevor man überhaupt mit den Arbeiten angefangen hatte. Also war es fraglich, was dieses relativ langsame Vorankommen überhaupt bedeutete. Manchmal sagten die Bewohner eines Hauses auch, dass sie keine Dekontaminierung des Daches benötigten. Wenn der Hochdruckreiniger eingesetzt wurde, ließ sich das umherspritzende Wasser nicht auffangen, daher wurde die Maschine fast nur noch für die Regenrinne benutzt. Hieß das dann, dass starke Regenfälle auch ungünstig waren?

Es war selbstverständlich wichtig, letztendlich die Strahlendosis zu senken, aber Yamaguchi machte sich eher Gedanken darum, was es für Folgen hatte, wenn man so kontinuierlich eine niedrige Strahlendosis aufnahm.

„Ist das gut für den Körper? Oder schädlich?" Hätte Seiko ihn zu einer ihrer Wetten aufgefordert?

Normalerweise wäre so eine Frage wohl kaum eindeutig zu beantworten. Aber vielleicht konnte die Art, wie sein Krebs sich weiter entwickelte, ihm eine Antwort geben. So kam es Yamaguchi vor.

Der Arzt hatte ihn darauf vorbereitet, dass er Gelbsucht bekommen würde. Aber stimmte das überhaupt? Und wenn ja, wann würde er sie wohl bekommen? Er konnte wahrscheinlich nur noch solange arbeiten, bis die Gelbsucht ausbrach. Es war wie eine Wette oder ein Glücksspiel unter Einsatz seines Körpers. Seine Dekontaminierungsarbeiten verstrahlten ihn immer mehr. Langsam kam ihm das vor wie jeder Tag, an dem Seiko immer weiter die Küche aufgeräumt hatte. Seiko selbst hatte wohl nicht einmal vorgehabt, diese große Wette einzugehen, aber letztendlich verlor sie dieses Mal.

„Du gewinnst doch fast nie! Warum möchtest du immer diese Wetten machen?", hatte Yamaguchi sie eines Tages gefragt. „Das bringt doch ein bisschen Farbe in unser Leben, oder?", hatte Seiko geantwortet. Rückblickend war dies tatsächlich der Fall. Seiko hatte nach der Hochzeit angefangen, diese kleinen Wetten zu machen. Er hatte nie mitbekommen, dass sie mit jemand anderem gewettet hätte. Sie stellte im Haus Vasen mit Blumen auf, sie summte Melodien vor sich hin, während sie Dinge erledigte und sie ließ ihn kurz innehalten, indem sie ihm kleine Wetten vorschlug. Das alles hatte sicherlich immer wieder von Neuem Farbe in ihr Leben gebracht. Nun hatte Yamaguchi Seiko verloren, wohnte alleine in der provisorischen Unterkunft, ihm wurde Krebs im Endstadium diagnostiziert und nun war die einzige Farbe in seinem Leben die Dekontaminierung. Das reichte nicht. Während er auf dem Dach die monotone Arbeit ausführte, begann Yamaguchi sich die Details für die Hochzeitszeremonie und das Festessen auszumalen.

„Es wird langsam dunkel. Machen wir für heute Schluss!“, sagte der Leiter der Gruppe, der mit der schweren Maschine arbeitete, zu Yamaguchi. Dann fragte er: „Was grinst du denn? Ist was Schönes passiert?“ Yamaguchi war sich gar nicht bewusst gewesen, dass er gelächelt hatte, aber er antworte: „Ja, genau!“ Diesmal lachte er mit Absicht. Als er die Leiter hinunterstieg und noch einmal auf das silberne Dach blickte, das von der Abendsonne fast erschreckend stark erhellt wurde, merkte er, dass nicht Seiko, sondern eigentlich er selbst derjenige war, dem das Glücksspiel gefiel.

Bis zu dem Samstag, an dem er mit Takimoto und Kana verabredet war, ging Yamaguchi jeden Tag zur Baufirma und half wie zuvor von morgens bis abends bei der Dekontaminierung mit. Manchmal hatte er dabei dumpfe Schmerzen im Rücken, aber er entdeckte keine Spuren der Gelbsucht in seinem Gesicht, das er jeden Morgen im Spiegel des Waschraums gründlich begutachtete.

Er nahm ein einfaches Frühstück aus Toastbrot und Salat zu sich und bevor er losfuhr, suchte er wie jeden Morgen vor dem Haus die Gottesanbeterin. Je kälter es wurde, desto langsamer wirkten ihre Bewegungen. Es beruhigte ihn etwas, dass er sie jeden Morgen an einem anderen Platz vorfand. Die Gottesanbeterin war nicht nur in den Blumentöpfen und an den Azaleenzweigen, sondern es schien ihr auch in dem zusammengewehten Blätterhaufen neben dem Eingang zu gefallen. Vielleicht gab es dort Insekten, die ihr als Futter dienten.

Nach der Arbeit aß er meistens in der Gaststätte, die auf dem Gelände der provisorischen Unterkunft eingerichtet worden war. Wenn er überhaupt Alkohol zu sich nahm, dann höchstens eine Dose Bier. Vermutlich wäre es besser gewesen, gar keinen Alkohol zu trinken, aber vollkommen nüchtern zu bleiben, fiel ihm schwer. Im Vergleich zu den Mengen, die er früher, vor der Katastrophe, getrunken hatte, war es sowieso so gut wie nichts.

Etwa ein halbes Jahr nachdem die ersten Bewohner eingezogen waren, hatten nach und nach in den Fertighäusern die Gaststätte, ein kleiner Laden für Alltagsgegenstände und ein Friseur aufgemacht. Außerdem gab es einen Versammlungsraum mit einem mittelgroßen Saal. Insgesamt gab es zweiundsiebzig Wohnungen in der Siedlung. Neben dem Parkplatz waren sechs Reihen mit jeweils zwölf einfachen Fertigunterkünften aufgereiht. Da auch viele Leute wieder an die Küste umzogen waren, waren im Moment nur etwa fünfzig der Unterkünfte bewohnt.

Als Yamaguchi mit dem Auto nach Hause fuhr, sah er im Fenster der Gaststätte eine schwach leuchtende Dekoration in Weihnachtsbaumform. Sie schien inmitten der nur vereinzelt erleuchteten Fenster der Siedlung jedoch besonders schäbig. Wie lange würden wohl die so genannten Evakuierten noch hier leben müssen? Es war schwer zu sagen. Auf jeden Fall wirkte es nicht wie eine neue Wohnsiedlung, sondern eher wie ein etwas verschönertes Gefangenenlager. Da die Gaststätte abends um acht zumachte, sah man dort keine Betrunkenen. Aber Yamaguchi hatte gehört, dass einige Bewohner bis in die Nachbarstadt gefahren waren, dort bis spät in die Nacht getrunken und gepöbelt hatten und in eine Rauferei geraten waren.

Von anderen Gästen in der Gaststätte hatte Yamaguchi gehört, dass zwei oder drei Leute in der Siedlung die ganze Zeit über fast keinen Fuß vor die Tür gesetzt hatten, sich vollkommen abkapselten in ihren Wohncontainern. Ein Mann um die Fünfzig solle ab und zu in dem kleinen Laden einkaufen gehen und sich dabei jedes Mal darüber beschweren, dass jemand angeblich vor seiner Haustür Unkrautvernichter versprühen würde. Dabei starre er den Inhaber des Ladens wütend an. „So jemanden müsste man doch möglichst schnell in eine Psychiatrie einweisen. Kann das nicht bitte jemand machen?“, hatte ein Gast in der Gaststätte gesagt, als ob er selbst der Inhaber des Ladens gewesen wäre. Es war tatsächlich so, dass für jeden Einzelnen die unsichere Zukunft bedrohlich wirkte und sich alle darum bemühten, gerade noch bei Verstand zu bleiben.

Nicht alle waren so eifrig wie Herr Katô, aber viele Leute bemühten sich, Kontakte mit ihren Nachbarn und den Einwohnern der Stadt zu knüpfen. Allerdings schien es so, dass sie zwar den Kontakt schätzten, sich aber gleichzeitig in der engen Wohnsituation auch mehr Abstand zu ihren Nachbarn wünschten. Es schien eine von Grund auf ambivalente Lage zu sein, und die Menschen wussten nicht, wie sie damit umgehen sollten. Seit Yamaguchi von der geplanten Hochzeit erfahren hatte, bemühte er sich, mit den Leuten, die er in der Gaststätte traf, mehr als nur ein paar Worte der Begrüßung zu wechseln.

Wovor er Angst hatte war nur, dass sich sein gesundheitlicher Zustand plötzlich verschlechtern könnte, wenn er alleine in seiner Unterkunft war. Ihm waren schon zwei Fälle bekannt, wo jemand in der provisorischen Unterkunft verstorben und erst zwei oder drei Tage später entdeckt worden war. Herr Katô und der Siedlungsleiter hatten sich bemüht, eine Obduktion und die Beerdigung zu organisieren. Deshalb hatte Yamaguchi auch die Telefonnummer des freundlichen Inhabers der Gaststätte in seinem Handy abgespeichert. Es war nach Herrn Katô und dem Siedlungsleiter die dritte abgespeicherte Nummer von Leuten aus der Siedlung.

Nachdem er in seine Unterkunft zurückgekommen war und gebadet hatte, fing er an, verschiedene Leute anzurufen. Das hatte er bisher nie gemacht, aber die geplante Hochzeit regte ihn dazu an. Hauptsächlich waren es ehemalige Arbeitskollegen, mit denen er in Tokyo zusammengearbeitet hatte und dann mit ihnen auch etwas trinken gegangen war, der Innenausstatter und Veranstaltungsplaner, mit denen er geschäftlich viel zu tun gehabt hatte. Als er ihnen erzählte, dass er jetzt in einer provisorischen Unterkunft wohnte, wurden sie plötzlich still. Insbesondere diejenigen, die sein ehemaliges Privathaus kannten, wo er Gartenpartys mit Blick auf das Meer gegeben hatte, sprachen dann nur noch mit großer Mühe. Er erzählte seinen Gesprächspartnern zwar nichts von seiner Krankheit, sondern wollte sich bloß etwas Rat einholen für die Hochzeit in der provisorischen Unterkunft. Aber schon die kleinste Erwähnung des Wortes Unterkunft erschwerte das weitere Gespräch. Und wenn diejenigen, die Yamaguchi auch privat kannten, sich nach Seiko erkundigten, dann war es, als ob ihm selbst der Weg plötzlich durch einen enormen Felsen versperrt wäre. Dass er trotzdem weiter telefonierte lag nicht nur daran, dass er sich wegen seiner Krankheit einsam fühlte, sondern er wollte unbedingt die notwendigen Vorbereitungen für die Hochzeit treffen und mit Hilfe seiner alten Freunde dafür die Kleidung, die Utensilien und die Blumendekoration besorgen.

Als er seinen Schlafanzug angezogen hatte und sich auf sein Bett setzte, sah er dort das Foto von Seiko neben dem Telefon stehen. Vor neun Jahren waren sie nach Taiwan geflogen, quasi als Hochzeitsreise. Dort gab es in einem großen Mausoleum ein taoistisches Orakel, das Seiko sehr gefallen hatte. Es nannte sich „Heilige Spateln". Zwei mondsichelförmige rote Holzstücke, eins gewölbt und eins flach, wurden auf den Boden geworfen. Damit wurde Ying und Yang bestimmt. Dies wurde sechsmal wiederholt und dann bekam man ein Orakel nach dem „I-Ging". Der taoistische Mönch im Schrein sagte zu Seiko: „You will get big happiness." Auf dem Foto hielt sie stehend die zwei roten Holzstücke hoch und strahlte über das ganze Gesicht. Nachdem sich jemand nach Seiko erkundigt hatte, überlegte Yamaguchi jeweils noch lange, was wohl mit dieser „Big happiness" gemeint gewesen sein könnte.

Sie hatte in einem eigenen Haus gewohnt, was sie nach ihrem eigenen Geschmack hatte einrichten lassen. Das Geschäft mit dem Hochzeitssaal lief gut. Sie hatten das Glück gehabt, tüchtige Angestellte zu finden. Dieser Zustand hielt einige Jahre lang an. War das die verkündete „Big happiness"? An den Tagen, die im buddhistischen Kalender mit Buddhas Tod markiert waren und an denen Hochzeiten in der Regel vermieden wurden, machten die beiden Ausflüge in die nähere Umgebung nach Iwaki, aber auch weiter weg nach Matsushima oder Kasumigaura. Dort aßen sie dann auch zu Abend. Seiko sagte häufig aus Spaß „I'm happy" und lachte dabei. Aber so sehr Yamaguchi sich auch bemühte, er konnte sich an keinen glücklicheren Gesichtsausdruck von Seiko erinnern als denjenigen auf dem Foto. Vielleicht war der Moment, in dem ihr das große Glück angekündigt wurde, der allerglücklichste von allen.

Yamaguchi quälte sich nach und nach mit verschiedenen Erinnerungen und letztendlich stieg er dann aus dem Bett und setzte sich aufrecht in den Fersensitz. Dann verbeugte er sich tief vor dem Foto und faltete die Hände zum Gebet. Die Tränen liefen ihm über das Gesicht. Früher hätte er nicht einmal im Traum daran gedacht, dass in seinem Leben einmal so eine Zeit kommen würde.

Nach und nach stand er morgens immer früher auf. Obwohl er nicht mehr tief schlafen konnte, wurde er auch immer früher wach, was ihm unheimlich vorkam.

Die dadurch gewonnene Zeit versuchte er für Meditation und Spaziergänge zu nutzen. Er hatte nie mit einer bestimmten Methode meditieren gelernt. Aber nachdem ihm die Krebserkrankung diagnostiziert worden war, hatte Yamaguchi sich an eine Therapiemeditation aus Amerika erinnert, bei der man sich vorstellt, wie die weißen Blutkörperchen die Krebszellen umzingeln. Basierend auf dieser Idee hatte er im Laufe der Zeit seine ganz persönliche Vorstellung beim Meditieren entwickelt. Er stellte sich vor, wie eine Gruppe von ein paar Dutzend lächelnden Leuten einer gleich großen Gruppe von verärgerten Leuten gegenüberstand. Er kannte weder den Grund für ihre Freude noch für ihren Ärger. Sie standen einfach nur da. Bald standen sich jeweils genau eine Person der einen Gruppe und eine der anderen Gruppe gegenüber und die fröhlichen Leute versuchten, die verärgerten Leute zum Lachen zu bringen, ohne dabei etwas zu sagen. Dadurch wurde auch Yamaguchis Miene weicher. Wenn jemand loslachte, fing auch der Nachbar an, den Grund für seinen Ärger plötzlich anzuzweifeln. Auf diese Weise versuchten die fröhlichen Leute, nach und nach möglichst viele der Verärgerten umzustimmen. Selbst wenn Yamaguchi zwanzig oder dreißig Minuten lang meditierte, konnte er es nicht schaffen, wirklich bei jedem einzelnen ein Lächeln auf das Gesicht zu zaubern. Aber wenn einer von ihnen von ganzem Herzen lächelte, bemerkte er, dass in der Gegend seiner Leber plötzlich eine deutliche Wärme zu spüren war.

Wenn er nach der Meditation spazieren ging, verwandelten sich die lächelnden Gesichter in seinem Inneren immer in das Gesicht von Seiko auf dem Foto. Dann erinnerte er sich daran, wie er, noch vor ihrer Hochzeit, im Büro oft wütend gewesen war und seinen Frust an ihr ausgelassen hatte, und wie Seiko, gleich nachdem sie ausgeschimpft worden war, trotzdem sofort wieder gelächelt hatte. Die Meditation schien ihm eine sehr tiefgehende Therapie zu sein, die sogar bis zu dem Selbst in der Vergangenheit vordrang.

Wenn Yamaguchi in der Umgebung der provisorischen Unterkunft spazieren ging und vom Friedhof aus auf die Siedlung herunterblickte, kam es ihm manchmal so vor, als sei die Siedlung wie seine Leber, durch die das Blut nur zäh floss. Aus einigen Lüftungen und Abzugshauben stieg Dampf auf und man merkte, dass dort jemand existierte. Aber die meisten der dort lebenden Menschen waren gar nicht zu sehen. Manchmal trafen sich die Bewohner bei den Infoveranstaltungen über die Entschädigungen, aber dabei kam es nicht dazu, sich näher kennenzulernen. Seit über einem Jahr wohnten sie nun schon zusammen auf diesem Gelände, aber es gab noch zahlreiche Leute, die er zwar vom Sehen kannte, mit denen er aber noch nie ein Wort gewechselt hatte. Weil die tatsächliche Distanz in den eng aneinander liegenden Unterkünften zu klein war, war das Gefühl, einen gewissen Abstand halten zu wollen, durchaus verständlich. Bei diesen Menschen traten viele Krankheiten auf. Sie litten an Depressionen oder Schizophrenie, manche kapselten sich vollkommen ab. Die erkrankten Menschen konnten eindeutig nicht mehr in Kontakt mit ihrer Umgebung treten. Während Yamaguchi in den Strahlen der Morgensonne mit langsamen Schritten über den Friedhof ging, versuchte er sich vorzustellen, dass aus allen provisorischen Unterkünften Menschen mit lachenden Gesichtern herauskämen. Das war natürlich total unrealistisch und löste kein einziges der anliegenden Probleme, aber er konnte sich ganz klar und natürlich vorstellen, einen roten Teppich durch die ganze Siedlung zu verlegen und die Braut und den Bräutigam darauf entlangschreiten zu lassen. Die provisorische Unterkunft, in der Kana wohnte, lag auf der anderen Seite der Stadt in der Nähe des Stausees. Dort sah es aber vermutlich so ähnlich aus wie hier. Der Hochzeitsmarsch sollte aus einer möglichst guten Lautsprecheranlage laut erklingen. Oder noch besser wäre es, wenn die Musik live gespielt würde! Während Yamaguchi über diese Dinge nachdachte, bildete sein Atem weiße Wolken.

Nach dem Spaziergang suchte Yamaguchi wieder die Gottesanbeterin. Sie war weder in den Blumentöpfen noch an den Azaleenzweigen zu sehen. Am Freitag war der Blätterhaufen neben dem Eingang vom Wind wieder zerstreut worden. Yamaguchi fing an, sich Sorgen zu machen und suchte etwas hektisch die Umgebung nach ihr ab. Dann fand er sie an der Spitze des Lebensbaums, der in einem Pflanzentopf vor dem Eingang der Wohnung nebenan stand. Yamaguchi bückte sich und berührte leicht ihren Kopf. Im dem Moment, als sie ihre beiden Arme aufrichtete, verlor sie das Gleichgewicht und fiel hinunter. Yamaguchi zog sofort seine Handschuhe aus, hob sie an ihrem langen Hals hoch und nahm sie mit zum Eingang seiner Unterkunft. Dort musste doch noch irgendwo ein kleiner Käfig aus Plastik liegen, in dem er in der Regenzeit von Mittelschülern Glühwürmchen geschenkt bekommen hatte. Yamaguchi bückte sich, zog den Käfig aus dem untersten Fach des Schuhregals, öffnete ihn oben und setze die Gottesanbeterin hinein. Der Rücken tat ihm diesmal nicht weh, aber dafür spürte er, wie sein Herz in seiner Brust heftig klopfte.

Er stellte den Käfig auf das Schuhregal, ging schnell zum Kühlschrank und holte eine Scheibe Schinken. Er schnitt einen kleinen Streifen ab, nahm ihn in die Hand und streckte ihn in den Käfig hinein. Er ließ den Schinken vor der Gottesanbeterin hin und her baumeln. Sie bemerkte ihn gleich, sprang zu dem Schinken, schnappte ihn sich mit beiden Scheren und begann ihn zu fressen.

Vor zwei oder drei Tagen hatte er mal wieder den Computer eingeschaltet und im Internet nachgesehen, was Gottesanbeterinnen für eine Lebenserwartung haben. Er fand eine Webseite, auf der stand, dass sie normalerweise wegen Futtermangels eines natürlichen Todes sterben würden, wenn sie nicht genügend Insekten fanden. Außerdem stand dort, dass sie unter guten Bedingungen ziemlich lange leben könnten. Ein natürlicher Tod hörte sich wie etwas Unvermeidbares an, aber wenn man genau darüber nachdachte, war es ein Verhungern. Nach dem Erdbeben gab es auch einige Menschen in den Städten an der Küste, die es nicht geschafft hatten zu fliehen, die eingeklemmt waren und die dort vollkommen verlassen verhungert waren. Die Gottesanbeterin würde zwar bestimmt nicht mehrere Jahre lang überleben. Aber er könnte verhindern, dass sie verhungerte. So einen vergeblichen Widerstand zu leisten war vielleicht auch ein natürlicher Teil des Lebens. Als er dies dachte und den Schinken losließ, beruhigte sich endlich sein Herzklopfen.

Als an jenem Tag die Erde bebte, hatte Yamaguchi gerade ein Geschäftsmeeting im Landesinneren der Präfektur zu Ende gebracht. Als im Radio die Tsunami-Warnung durchgegeben wurde, befand er sich im Auto oben in den Bergen auf dem Weg nach Futaba. Er rief Seiko von einem öffentlichen Fernsprecher aus an und hatte das Glück, eine Verbindung zu bekommen. Warum hatte er sie, nachdem sie aufgelegt hatte, nicht noch einmal angerufen und sie noch stärker dazu aufgefordert, die Flucht zu ergreifen? Warum hatte er den Manager des Hochzeitssaals, den er als Nächsten anrief, nicht gebeten, bei Seiko vorbeizufahren und sie mitzunehmen? Er sah der Gottesanbeterin in ihrem Käfig zu, wie sie ohne Pause den Schinken weiterfraß – und eine starke Welle der Reue erfasste ihn wieder, zusammen mit Bildern des Tsunami, wie in einem Film.

An dem Tag, an dem er mit dem zukünftigen Ehepaar verabredet war, gab es den ersten Schnee des Winters. Es war fast Mitte Dezember und bereits am Morgen tanzte der Schnee sanft vom Himmel herunter. Yamaguchi wollte die Gäste nicht in seiner Unterkunft empfangen, die mit seinen Habseligkeiten vollgestopft war. Deswegen hatte er sich an den Siedlungsleiter gewandt und einen Raum im Versammlungshaus reserviert. Aus dem milchweißen Himmel tauchten leise die Schneeflocken auf, setzten sich ohne ein Geräusch auf das Fenster des kleinen Zimmers, zerschmolzen und liefen als Wassertropfen an der Scheibe herunter.

In dem großen Saal nebenan fand gerade eine Veranstaltung statt, bei der etwa zehn Bewohner der Siedlung Strohseile für das Neujahrsfest anfertigten. Man hörte ihr Lachen und ihre Stimmen, wie sie sich dabei unterhielten, bis in den kleinen Raum neben dem Eingang, wo Yamaguchi und seine Gäste sich zusammengesetzt hatten.

„Es tut mir leid, dass es hier etwas laut ist, aber fangen wir an. Als Erstes möchte ich gerne erfahren, was Ihre grundlegenden Vorstellungen sind."

Yamaguchi legte ein neues Notizbuch und seinen Füllfederhalter, den er schon seit vielen Jahren verwendete, vor sich auf den kleinen Tisch und begann mit dem Planungsgespräch. Er trug das erste Mal seit Langem einen Anzug und war selbst auch etwas aufgeregt.

„Unsere grundlegenden Vorstellungen, was genau meinen Sie?", fragte ihn Takimoto und verschränkte die Arme. Dann warf er Kana einen Blick zu, die neben ihm saß. Sie war einen Kopf kleiner als er.

„Zu Anfang möchte ich Sie gerne fragen, warum Sie eine Hochzeitsfeier geben und ein Bankett veranstalten möchten. Und warum haben Sie als Ort die provisorische Unterkunft ausgewählt?"

Diesmal blickte Kana zu Takimoto hinauf. Alle drei knieten im Fersensitz vor dem niedrigen Tisch. Takimoto trug einen dunkelblauen Pullover und eine silberne Daunenjacke, Kana einen weißen Rollkragenpullover und die gleiche Art von Daunenjacke in Rosa. Ein fröhliches Paar. Für Yamaguchi wirkten sie fast wie von einem anderen Planeten. Kana runzelte nachdenklich die Stirn und antwortete:

„Auch wenn es eine ganz bescheidene Feier wird, möchten wir gerne mit den Menschen feiern, mit denen wir hier zusammen wohnen. Wir haben zwar auch gedacht, feiern passt im Moment nicht und sollte besser vermieden werden, aber schließlich ist unsere Beziehung dank der provisorischen Unterkunft überhaupt erst entstanden."

Sie sagte es ganz selbstsicher. Yamaguchi nickte und daraufhin nickte Takimoto ebenfalls kräftig und fügte hinzu:

„Und noch etwas, wir wollen damit zeigen, dass wir jungen Leute auch noch hier sind!"

„Junge Leute, hier?"

Als Yamaguchi nachfragte, richtete sich Takimoto gerade auf und begann zu erläutern. Als nach der Katastrophe mit dem Ganzkörpermessgerät Strahlungsmessungen vorgenommen wurden, hatte man zu Beginn bei über der Hälfte der gemessenen Erwachsenen und Kinder eine Verstrahlung festgestellt. Dies habe nicht dabei geholfen, die Bedenken wegen der inneren Verstrahlung zu beseitigen. Aber bis zum September diesen Jahres sei bei den Kindern gar keine Verstrahlung mehr gemessen worden und bei Erwachsenen nur noch bei 3,5% der Fälle. Die Erwachsenen, bei denen eine Verstrahlung festgestellt wurde, würden alle besondere Nahrungsmittel zu sich nehmen. „Wenn man nur die Waren isst, die im Supermarkt verkauft werden, ist die Wahrscheinlichkeit, dass Radioaktivität nachgewiesen wird, gleich null!" Yamaguchi hatte diese Dinge bereits früher von Takimoto in dem großen Versammlungssaal gehört. Jetzt beschrieb er sie voller Selbstvertrauen und mit noch mehr Nachdruck als zuvor.

„Besondere Nahrungsmittel?"

„Ja, meistens handelt es sich um Pilze. Die Leute bauen sie selbst an oder sammeln sie im Wald."

Kana sah schnell einmal zu dem von sich überzeugt dreinblickenden Takimoto hinüber und fügte hinzu: „Die Leute, die schon immer gerne wilde Kräuter und Pilze gesammelt haben, können es einfach nicht lassen, wenn sie den Wald in dieser Jahreszeit sehen."

„Manche Leute haben sogar, als sie zum Abholen von wichtigem Eigentum zu ihren Grundstücken in den Sperrgebieten zurück durften, extra Holzstämme für den Anbau von Shiitake-Pilzen mitgebracht."

„Das habe ich auch schon gehört. Aber, worauf möchten Sie hinaus?"

„Ich möchte darauf hinaus, dass man nicht so viel Angst zu haben braucht."

„Sie meinen, trotzdem sagen die Leute etwas anderes, oder?"

„Ja. Wie viel ich auch in meinem Blog davon berichte, diese Ängste lassen sich nur schwer abbauen. Das Fernsehen und die Zeitungen berichten auch immer wieder nur von extremen Fällen. Und dann werden Bücher herausgebracht von Leuten, die keine Ahnung haben, die noch mehr Ängste schüren. Deswegen kommen die jungen Leute nicht mehr hierher zurück, oder?"

„Ach so, und deswegen möchten Sie zeigen, dass es hier auch junge Leute gibt?"

„Genau. Entschuldigen Sie, meine Erklärung war vielleicht etwas umständlich."

„Nein, nicht im Geringsten." Yamaguchi winkte ab. Takimoto machte eine entschuldigende Geste. Kana schien sich ein Lächeln zu verkneifen und nickte ebenfalls entschuldigend. Yamaguchis Ansicht nach waren diese Ängste nicht unbedingt der Hauptgrund dafür, dass die junge Generation nicht mehr zurückkam, sondern allein schon das Leben in den Wohnsiedlungen, die Erreichbarkeit von Schulen und der Arbeitsmarkt vor Ort hatten vermutlich größeren Einfluss auf diese Leute. Aber er wollte den beiden an dieser Stelle nicht widersprechen.

„Herr Doktor, wie sieht es denn mit der äußeren Verstrahlung aus?"

„Das ist auch in den jetzigen Wohngebieten überhaupt kein Problem."

Seine Antwort kam wie aus der Pistole geschossen. Eine Organisation, die Takimoto gut kannte, habe Dosimeter an das Gebiet im Landesinneren und das Küstengebiet der Präfektur geschickt, außerdem in alle anderen Gegenden Japans. Zwei Monate lang sei die tatsächliche kumulative Strahlendosis gemessen worden. Laut dem Bericht seien im Norden der Stadt Iwaki, 31 Kilometer vom AKW entfernt, umgerechnet auf ein Jahr 2,17 Millisievert gemessen worden. In der Stadt Fukushima oder in Kôriyama hingegen, wo die Strahlendosis relativ hoch eingeschätzt wird, seien höchstens 2,1 Millisievert gemessen worden.

„Und wie viel, glauben Sie, wird man verstrahlt, wenn man sich einem einzigen CT-Scan unterzieht?"

Takimoto legte sich die Hände auf die Knie und richtete einen herausfordernden Blick auf Yamaguchi.

„Bei einer Ganzkörperuntersuchung sind es 6,9 Millisievert! In der Zahnmedizin wird man durch eine einzige CT-Aufnahme in der Mundhöhle sogar schon mit 30 Mikrosievert verstrahlt. Im Prinzip ist das Konzept der kumulativen Strahlendosis heutzutage schon bedeutungslos. Der menschliche Körper verfügt über ausreichende Kräfte, um sich wieder zu regenerieren. Die Leute sind wirklich zu nervös."

Kana hatte wohl schon öfter zugehört, wenn Takimoto so etwas erzählte. Sie saß neben ihm, nickte ab und zu leicht und durchkämmte ihr vom Schnee etwas feuchtes Haar mit ihren Fingern. Yamaguchi nickte auch, sagte aber nichts. Daraufhin kratzte sich Takimoto verschämt am Kopf und entschuldigte sich von sich aus: „Verzeihen Sie, dass ich mich so aufrege. Ehrlich gesagt hatten wir auch die Idee gehabt, die Hochzeit in der Nähe von Kanas Elternhaus, im Shinto-Schrein am Sakuramori-Park zu veranstalten."

„*Wie* bitte?"

Yamaguchis Augen weiteten sich vor Überraschung. Der Park war bekannt für seine schöne Kirschblüte. Aber er befand sich im Sperrgebiet, wohin die Rückkehr derzeit untersagt war. Von Yamaguchis Haus lag der Park noch einmal fünf Kilometer landeinwärts, aber die Strahlenbelastung war dort höher als in der Nähe der Küste. Als Yamaguchi überrascht Kana ansah, lächelte sie verlegen und sagte:

„Manchmal sagt er so gewagte Sachen. Deshalb eckt er auch manchmal bei seinem Vorgesetzten an."

Takimoto wand sich Kana zu und verzog das Gesicht, wie um ihr zu sagen, dass sie nicht weiter ins Detail gehen solle. Als sie ihn anlächelte, entspannte er sich wieder. Es war ihm peinlich, aber Yamaguchi fühlte sich daran erinnert, wie Seiko und er kurz nach der Hochzeit miteinander umgegangen waren. Seine ehemalige Untergebene hatte ihn einerseits plötzlich wie seine Mutter getadelt und andererseits fühlte er sich bei ihr geborgen. Ihm tat Takimoto etwas leid, dass es bei ihnen schon so weit gekommen war, trotzdem pflichtete er Kana bei:

„Das ist tatsächlich gewagt. Schließlich darf man da noch nicht einmal hingehen, oder?"

„Doch, man darf hingehen. Wenn man es vorher beim Rathaus anmeldet. Ich könnte Kana bei ihrer Rückkehr zu ihrem Grundstück begleiten und wir könnten dort eine Hochzeitszeremonie machen. Aber der Shinto-Priester des Schreins soll wohl auch hier in einer öffentlichen Mietwohnung leben und ein großes Theater wollen wir ja nicht veranstalten. Also haben wir die Idee wieder verworfen."

Takimoto sagte dies, als ob er es tatsächlich schade fände, wie ein Kind, das einen geplanten Streich aufgeben muss. Von Anfang an hatte Takimoto eine erstaunlich optimistische Ansicht zu geringen Dosen von Strahlenbelastung gehabt. Er selbst bestand darauf, dass diese Haltung nicht optimistisch sei, sondern eine angebrachte Reaktion, wenn man bedenke, was für einen Einfluss eine pessimistische Haltung auf die Psyche habe. Jedenfalls beeindruckten Yamaguchi die klar formulierten Erklärungen des jungen, energischen Arztes, und dies wiederum beeinflusste seine Sichtweise.

„Das Problem der Belastung mit niedriger Strahlung gehört schon nicht mehr in den Bereich der Wissenschaft. Auch die Medizin besteht nicht allein aus wissenschaftlichen Erkenntnissen." Takimoto hatte diese Worte wohl bei der zweiten Infoveranstaltung gesagt, und Yamaguchi hatte seitdem öfter über sie nachgedacht. Er machte ein verblüfftes Gesicht, wie Kana es wohl von ihm erwartete, und erinnerte sich gleichzeitig plötzlich sehr intensiv an den Sakuramori-Park in voller Kirschblüte – und in diesem Moment fand er die Idee von Takimoto einen guten Plan.

Yamaguchi sagte: „Bestimmt ist es nicht einfach für Sie, diese Idee vollkommen zu verwerfen. Doch bitte versuchen Sie, es ganz loszulassen. Wenn Sie sich darauf einlassen, die Idee vollkommen abzuhaken, dann tun sich wieder neue Möglichkeiten auf."

Takimoto und Kana nickten nachdenklich.

Dann holte es Yamaguchi nach, abzuklären, ob die Eltern der beiden mit den Hochzeitsplänen einverstanden waren. Von Kana kam ein klares Ja, was alle Zweifel ausräumte, aber Takimoto sagte leise „Natürlich." Takimotos Ton kam Yamaguchi so vor, als stecke noch etwas dahinter. Vermutlich hatte ein Elternteil wohl doch noch nicht seinen Segen gegeben, aber hier blieb ihm nichts anderes übrig, als sich auf Takimotos Aussage zu verlassen.

Yamaguchi machte sich Notizen und fragte weitere Punkte ab. Dabei wurde klar, dass die beiden einige wichtige Fragen noch nicht geklärt hatten.

Er notierte sich in das Notizheft: „Shinto-Stil", „Sake-Fass", „Klassischer Herren-Kimono/klassischer Damen-Kimono" und fragte als Nächstes: „Möchten Sie wirklich kein westliches Brautkleid anziehen?" Bei dieser Frage biss sich Kana auf die Unterlippe und blickte durch das Fenster in die Ferne. Yamaguchi sagte: „Wenn Sie ein Kleid anziehen möchten, dann müsste Herr Takimoto dazu einen Smoking anziehen. Aber dann passt der Shinto-Priester nicht gut dazu." Bei diesen Worten von Yamaguchi verschränkte Takimoto die Arme. Kana sah ihn von der Seite an. Yamaguchi entschied sich, der Entscheidung nachzuhelfen und sagte: „Da Sie ja in der provisorischen Unterkunft feiern wollen, ist es wohl sowieso schwierig, sich zwischendurch umzuziehen." Daraufhin lächelte Kana und sagte: „Ja, die Kleidung soll traditionell japanisch sein." Die kluge Art, wie sie nachgab und zügig ihre Vorstellungen anpasste, war genau wie bei Seiko.

Danach saßen sie noch fast eine Stunde lang zusammen, lockerten ihre Sitzhaltung dabei etwas und beschlossen letztendlich, dass Takimoto und Kana sich doch keine traditionell japanische Festkleidung ausleihen würden, sondern sich einen Smoking und ein Kleid anschaffen würden, welche sie auch später noch anziehen könnten. Sie baten Yamaguchi, die Rolle des Shinto-Priesters zu spielen. Die beiden waren sich einig, dass sie Ringe austauschen wollten und viel Champagner vorbereitet werden sollte, um dann mit allen anzustoßen. Es schien Yamaguchi so, dass die beiden jedes Mal leiser sprachen, wenn die Stimmen vom Nebenraum herüberhallten, wo die Seile für das Neujahrsfest geknüpft wurden. „Sie brauchen wiederum nicht allzu viel nachzugeben“, sagte Yamaguchi, wobei er Takimoto direkt in die Augen sah. Dann fragte er die beiden: „Was ist für Sie denn am allerwichtigsten für Ihre Hochzeit? Sagen Sie ruhig einfach das, was Ihnen in den Sinn kommt.“

Die beiden blickten plötzlich nachdenklich hin und her. Kana schien sich zu genieren und sagte: „Ein selbstgemachter Brautstrauß.“ Und Takimoto murmelte schelmisch: „Vielleicht ein Feuerwerk?“ „Ein Feuerwerk?“ „Ja, so große Böller, von denen man geweckt wird.“ „Ist Ihnen vor allem das Geräusch daran wichtig? Und möchten Sie ihren Brautstrauß selbst binden?“

Da weder ein Katalog noch Muster zur Begutachtung vorhanden waren, fuhr Yamaguchi mit dem Planungsgespräch fort. Er hatte schon lange Zeit kein solches Gespräch mehr geführt, und noch dazu ohne geschäftliches Interesse. Er wollte die beiden wirklich nur gut beraten. Aber da er ganz aus der Übung war, hatte er vergessen, nach dem Allerwichtigsten zu fragen: dem Datum. Nachdem sie sich für Musik entschieden und selbst die Getränke schon ausgesucht hatten, fiel es ihm ein und Yamaguchi fragte:

„Welchen Termin hatten Sie sich eigentlich für die Feier vorgestellt?“

„Am liebsten noch innerhalb dieses Jahres.“

Yamaguchi war kurz sprachlos vor Überraschung und er prustete etwas durch die Nase. Dann fiel ihm ein, dass es auch für ihn günstiger war, nicht mehr lange zu warten, da er nicht wusste, wie lange er selbst wegen seiner körperlichen Verfassung überhaupt noch dazu in der Lage sein würde.

„In einem normalen Hochzeitssaal wäre das undenkbar, viel zu wenig Vorlauf!“, sagte er grimmig lächelnd, aber danach fügte er sofort hinzu: „Aber Gutes soll man nicht ja aufschieben, nicht wahr?“, und nickte, um zu bestätigen, dass es machbar sei.

Draußen schneite es leise weiter.

Nachdem Yamaguchi am frühen Nachmittag die beiden zurück bis zu Takimotos Auto begleitete hatte, ging er noch einmal in den Raum und las sich seine Notizen durch. In vielen Punkten hatten die beiden ihre Vorstellungen den Gegebenheiten in der provisorischen Unterkunft angepasst. „Das überlassen wir Ihnen“, hatten sie immer wieder gesagt. Für das Datum hatten sie sich auf den Heiligabend geeinigt, um fünf Uhr nachmittags. Sie bestanden darauf, für die Aufnahme der Hochzeitsfotos am nächsten Tag in den Sakuramori-Park zu fahren, in das Sperrgebiet. Mit diesem Teil der Planung hatte Yamaguchi aber nichts mehr zu tun.

Auf jeden Fall war Yamaguchi erleichtert, dass der Arzt Takimoto ihm seine Krankheit nicht angesehen hatte. Er betrachtete aus dem Fenster den Schnee. Inzwischen schneite es richtig stark. Er dachte, was für ein Glück, dass er an diesem Morgen die Gottesanbeterin ins Haus genommen hatte. Es war ein kleines Wunder. Vielleicht würde ihm selbst auch ein Wunder widerfahren.

Die Abendsonne versank in den kobaltblauen Bergen im Westen und der See, auf den Yamaguchi sah, färbte sich in immer dunkler werdendes Grau. Er war zum dritten Mal in dieser provisorischen Unterkunft. Die beiden vorigen Male war er hier gewesen, um sich für die Feier umzuschauen. Das Versammlungshaus und seine Umgebung waren mit erstaunlich viel elektrischer Weihnachtsdekoration geschmückt. Beim Schmücken hatten Kanas Kollegen vom Rathaus geholfen. Sie standen nun in ihren dicken Winterjacken in Grüppchen da, unterhielten sich und scherzten miteinander.

Das Feuerwerk wurde wie geplant durchgeführt, dreimal hintereinander ein dreifacher Funkenregen. Die hier und da mit Schnee bedeckten Berge wurden im Lichtschein des Feuerwerks für ein paar Augenblicke erhellt. Es sah aus, als ob die Berge zitterten.

Dann trat zuerst Herr Katô auf, in einem Ganzkörperanzug als Rentier verkleidet. Er trabte den Weg zum Versammlungshaus entlang. Als Yamaguchi ihn angesprochen hatte, war er sofort bereit gewesen, mitzuhelfen, oder hatte sogar sehr darum gebeten, mitmachen zu dürfen. Also wurde ihm die Rolle des Rentiers gegeben. Allerdings hatte er seine Brille abgesetzt und konnte den Weg wohl nicht gut erkennen und lief im Zickzack wie ein gebrechliches Rentier. Aber es schien den Leuten besonders zu gefallen, denn sie jubelten ihm zu.

Yamaguchi strich sich über seinen weißen Weihnachtsmannbart. Das war das Signal für die beiden Musiker im Smoking, die auf dem Parkplatz bereit standen. Auf sein Zeichen hin richteten sich die Musiker, die mit Takimoto zusammen Medizin studiert hatten, noch einmal auf, nahmen mit ihren weißen Handschuhen ihre goldenen

Trompeten und setzten sie an. Dann begannen sie „Il Silenzio“ zu spielen. Es war zwei Grad Celsius und vollkommen windstill. Die Töne von den Lippen der Musiker hallten weit in den kobaltblauen Himmel hinein.

Yamaguchi berührte mit seinem ebenfalls weißen Handschuh leicht die Schulter von Takimoto. Daraufhin nahm er Kana, die ruhig einmal nickte, an der Hand, die beiden setzten sich in Bewegung und schritten den improvisierten Weg zum Traualtar entlang. Takimoto trug einen dunkelblauen Smoking und Kana ein himmelblaues Kleid. In der kalten Jahreszeit leuchteten die Farben frisch. Aus Kanas Brautstrauß, den sie selbst gebunden hatte, dufteten die japanischen Narzissen. Yamaguchi hatte für den Strauß besonders früh blühende Kirschen bestellt und Kana hatte einen natürlich wirkenden Strauß aus Narzissen mit rosafarbenem japanischem Papier zusammengestellt. An der Brust von Takimoto steckte ein Anstecker mit den gleichen Blumen.

Für den Weg zum Traualtar war ein roter Teppich ausgelegt worden. Auf beiden Seiten dieses Weges standen nun die Bewohner der provisorischen Unterkunft, jubelten dem Brautpaar zu und ließen Knaller los, die vorher verteilt waren worden. Zwei Tage zuvor hatte Yamaguchi das Versammlungshaus dieser Siedlung besucht um die Vorbereitungen zu treffen. Herr Katô hatte ihm bei der Organisation geholfen. „Da drüben hab ich auch Freundinnen“, hatte Herr Katô gesagt und gelacht. Unter den Menschen am roten Teppich sah Yamaguchi aber auch Bewohner seiner eigenen Siedlung. Im Versammlungshaus standen gerade einige Hausfrauen, die wohl Bekannte der Freundinnen von Herrn Katô waren, und kochten den Schweineeintopf für die Gäste.

Yamaguchi lauschte dem klaren Klang der Trompeten, schulterte den großen weißen Sack und setzte sich ebenfalls in Bewegung. Die Schritte zu setzten war für ihn mühevoll. Im Sack befanden sich verschiedene Geschenke für die Kinder: Schulhefte, Buntstifte und Tuschkästen. Er war insgesamt nicht sehr schwer. Sein Gesicht war schon etwas gelblich geworden, aber er hatte sich für die Rolle als Weihnachtsmann das Gesicht geschminkt, also würde man die gelbe Färbung wohl nicht bemerken. Die Kinder kamen mit so einem Schwung auf ihn zu, dass sie ihn fast über den Haufen rannten. Er taumelte etwas. Auch als er ihnen die Geschenke überreichte, bekam er Rückenschmerzen.

In letzter Zeit hatte sich die körperliche Verfassung von Yamaguchi verschlechtert. Die Gottesanbeterin lebte weiterhin in seinem Eingangsbereich und er fütterte sie mit Schinken. Yamaguchi kam nicht umhin, auch darüber nachzudenken, sich für einen letztendlich doch „vergeblichen Widerstand" stationär ins Krankenhaus zu begeben. Aber immer, wenn er darüber nachdachte, sagte er sich, für all das müsse erst einmal die Hochzeit über die Bühne sein. Und nun war es soweit.

Als er früher einmal aus unbekanntem Grund ein leichtes Fieber gehabt hatte, hatte Seiko ihm gesagt: „Wenn du so denkst, kannst du dich nicht erholen und es wirkt sich schlecht auf deine Gesundheit aus. Es gibt immer einen Berg Arbeit. Du musst dir Ruhepausen gönnen, die du zum Glück selbst bestimmen kannst. Sonst kannst du dich ja nie erholen." Obwohl sie ihm dies gesagt hatte, fiel es ihm von seinem Naturell her schwer, sich Pausen einzurichten. Auch bei der jetzigen Arbeit. Wenn es regnete oder bei starkem Wind wurden die Dekontaminierungsarbeiten ausgesetzt. Bei leichtem Schnee war es schwer zu beurteilen und Yamaguchi musste jedes Mal telefonisch bei der Firma nachfragen. In den letzten drei Wochen hatten wetterbedingt kaum Arbeiten stattgefunden. Er war nicht zum Arzt gegangen und hatte auch kaum mehr Spaziergänge gemacht. Er hatte in seiner Unterkunft gesessen und meditiert.

Am Tag zuvor hatte er mittags in seiner Weihnachtsmannverkleidung auf dem Bett gelegen und sich wieder vorgestellt, dass er von unzähligen fröhlichen Gesichtern umgeben sei. Diesmal war die Meditation wie am Schnürchen gelaufen. Keins der Gesichter war ihm bekannt. Nach einiger Zeit bemerkte er, dass er seit Ewigkeiten das erste Mal eine Erektion hatte. „Wie viel Jahre war das nun wohl schon her?", überlegte er und streckte seine Hand danach aus. Weder um zu masturbieren noch um Blasphemie zu begehen, sondern zum ersten Mal voller Respekt für sich selbst, mit einem liebevollen Gefühl. In diesem Moment hatte er sich von ganzen Herzen gewünscht, noch weiter zu leben.

Während er auf den Traualtar zuschritt, beeilte er sich, die Geschenke an die Kinder zu verteilen, ging etwas schneller als der Takt der Musik bis vor das Versammlungshaus und stellte sich zwischen Braut und Bräutigam. Er sagte laut: „Meine Damen und Herren, empfangen Sie bitte das Brautpaar noch einmal mit einem großem Applaus!"

Vor den weiß abgedeckten Gartentischen standen die Eltern und Geschwister, Freundinnen und Freunde des Paares und die Bewohner der provisorischen Unterkunft. Sie alle bildeten eine Traube um das Paar, klatschten enthusiastisch und jubelten. Bestimmt wurden sie besonders gefeiert, weil die beiden so freundliche, kommunikative Menschen waren. Yamaguchi kam es vor, als ob die Szene direkt seiner Meditation vom Vortag entsprungen sei und eine große Freude ergriff ihn.

Als das Klatschen abebbte, erklangen die zarten, ersten Töne eines Musikstückes in der Dunkelheit. Die beiden hatten sich „Der Applaus" als Gitarrensolo ausgesucht. Der Klang der extra aufgebauten Lautsprecheranlage war nicht schlecht. Das Brautpaar zündete gemeinsam eine riesige, herzförmige Kerze an. Dann küssten sie sich lange und ruhig auf die Lippen. Hinter den beiden lächelte schweigend der Weihnachtsmann. Dabei wurde an diesem Heiligabend die Zeremonie belassen.

Die Trompeter spielten den Hochzeitsmarsch und alle gingen dann ins Versammlungshaus, wo jetzt noch mit Champagner angestoßen wurde. Die vielen Kirschblüten, eigentlich der Rest vom Brautstrauß, schienen in diesem Moment in der Mitte des Raums stark zu duften.

Später konnte sich Yamaguchi daran erinnern, dass der Bürgermeister eine Rede gehalten hatte und ebenso Takimotos Professor von der medizinischen Hochschule. Der Bürgermeister machte eine Parodie eines berühmten japanischen Gedichtes und sagte: „Dem Regen trotzend und der Radioaktivität trotzend", was von den Gästen mit großem Gelächter quittiert wurde. Der Medizinprofessor mit seinem winzigen Schnurrbart erzählte, man könne garantieren, dass schon bald ein gesundes Kind geboren werde. Yamaguchi erinnerte sich an die ordentlich aufgereihten Vorspeisen, Kuchen, Süßigkeiten für die Kinder, Wein und Bier zwischen Bambusvasen mit japanischen Narzissen. Aber sonst hatte er keinerlei Erinnerungen an die Feier.

Jemand berührte ihn. Er dachte, es sei Seiko.

Als er wieder zu sich kam, wurde er von zwei Männern in hellblauer Sanitäter-Uniform von beiden Seiten unter den Armen gestützt. Er stand vor dem Eingang seiner Unterkunft.

„Wo ist denn diese Gottesanbeterin?"

Einer von ihnen fragte ihn das in einem etwas ärgerlichen Ton. Langsam fiel es ihm wieder ein. Eben, kurz bevor er in den Krankenwagen gestiegen war, im rot flackernden Licht des Rettungswagens, hatte Yamaguchi Takimoto, der ihn stützte, gebeten, dass er die Gottesanbeterin ins Krankenhaus mitnehmen wollte. Takimoto hatte sich vor den Sanitätern verbeugt und höflich gebeten: „Bitte, es liegt auch auf dem Weg ins Krankenhaus, könnten Sie bitte so freundlich sein?"

„Ja, dort ist sie", sagte Yamaguchi und hob mit seinen weißen Handschuhen den Käfig auf. In diesem Moment rutschte ihm der Käfig aus den Fingern und fiel zu Boden. Das Fenster im Dach öffnete sich. Die Gottesanbeterin fiel in einen Lederschuh hinein. Er hob sie auf, aber sie machte eine ruckartige Bewegung mit ihrem Nacken und fiel ihm wieder aus der Hand. Es ging alles sehr schnell. In diesem Moment tauchte plötzlich irgendwoher eine dicke, rotgetigerte Katze auf, schnappte sich das Insekt und rannte weg.

In großer Eile lief ihr Yamaguchi hinterher und fand die Katze neben einem Auto auf dem schneefreien Parkplatz. Sie kaute mehrmals und fing dann an, sich mit der Pfote das Gesicht zu putzen.

Die Sanitäter stützten ihn wieder. „Alles in Ordnung?", fragte ihn Herr Katô, der immer noch sein Rentier-Kostüm anhatte, inzwischen mit seiner Brille auf der Nase. Er war wohl im Krankenwagen mitgefahren.

„Ja, entschuldigen Sie bitte."

„Sie brauchen sich nicht zu entschuldigen. Sie müssen jetzt schnell ins Krankenhaus und dann möglichst schnell wieder gesund werden und nach Hause kommen!"

„Ja. Was ist mit der Feier?"

„Es ist alles in Ordnung, machen Sie sich keine Sorgen! Den Rest schaffen sie auch alleine, die Feier läuft. Die brauchen uns nicht mehr."

Yamaguchi wurde auf die Trage gelegt und hochgehoben. Als er im Krankenwagen lag, fühlte er, wie er langsam wieder das Bewusstsein verlor.

Er konzentrierte sich darauf, sein Gesicht lächeln zu lassen.

Vom Fahrersitz aus kam eine etwas zweifelnde Stimme:

„Weil der Bräutigam ein Arzt sein soll, sind wir seiner Bitte gefolgt, aber ein erwachsener Mann will eine Gottesbeterin? Was soll das denn?"

Yamaguchi wurden der weiße Bart und die weißen Augenbrauen abgenommen. Während ihm der Blutdruck gemessen wurde, bewegte er seinen Kopf zur Seite. In seiner Weihnachtsmann-Verkleidung und immer noch unter der dicken Schminke lächelte er einfach weiter.

Der Langkräher

Seit an jenem Tag durch den Tsunami der Kiefernwald umgestürzt war, der in östlicher Richtung den Blick etwas verstellt hatte, schien die Morgensonne etwas kräftiger durchs Fenster in den ersten Stock, so als würde sie mit ihren Strahlen durch das Zimmer schneiden. Darüber freute sich Misaki besonders.

Als sie erfahren hatte, dass ein Tsunami kommen würde, hatte Misaki vom Bett aus beherzt gerufen: „Ich sterbe hier, das ist schon in Ordnung. Bitte, lauf, lauf! Bring dich in Sicherheit." Am nächsten Morgen schien die Sonne durch das Milchglas-Fenster und Misaki sagte zufrieden: „Oh, ist das schön hell!", und nahm die Hand von Hideki, der die ganze Nacht an ihrer Seite geblieben war und kein Auge zugemacht hatte. In der Nacht war der Strom ausgefallen und das einzige Licht kam von einer Kerze, die bei jedem Nachbeben hin und her schwankte. Jedes Mal, wenn dies passierte, hatte Misaki vermutlich große Angst bekommen.

Für die bettlägerige Misaki war es wohl sehr wichtig, wieviel Tageslicht durch das Fenster herein schien. Leicht übertrieben gesagt, bestand Misakis Welt im Grunde eben nur aus dem Zimmer im ersten Stock und aus Hideki. Vermutlich war sich Misaki auch jetzt immer noch nicht über das Ausmaß der Schäden durch den Tsunami bewusst. Auch über den Unfall im sechs Kilometer entfernten Atomkraftwerk wusste sie nichts Genaues.

Es gab keinen Strom, kein Gas, kein Wasser. Also konnte man auch nicht fernsehen. Hideki machte sich mit dem Auto auf den Weg, um Wasser und Benzin zu besorgen. Unterwegs erfuhr er aus dem Autoradio von dem Atomunfall. Aber auch als er davon gehört hatte, war es nicht so, dass es ihm möglich gewesen wäre, das Haus zu verlassen. Was hatte es dann überhaupt für einen Sinn, Misaki von etwas zu erzählen, was sie nur zur Verzweiflung bringen würde?

Natürlich hatte er Angst vor der radioaktiven Strahlung. Aber Hideki räumte nur wie besessen das vom Erdbeben verursachte Durcheinander im Haus auf, dreimal am Tag bereitete er die Mahlzeiten zu und gab sie Misaki zu essen. Nachts, wenn Misaki schweißgebadet war, wischte er ihren Körper so wie immer mit warmen Handtüchern ab. Und allein durch das Erfüllen dieser Aufgaben war er bereits am Rande seiner Kräfte.

Draußen waren die Schuttberge vom Tsunami bis in hundert Meter Nähe an ihr Haus herangerückt. Die Reisfelder waren mit Schlamm bedeckt und die Landschaft wirkte wie glattgebügelt. Weit und breit war keine Menschenseele zu sehen. Seit dem Morgen des 15. März, als das dritte Reaktorgebäude in Fukushima explodiert war, hatte Hideki damit aufgehört, im Autoradio die Nachrichten anzuhören.

Nur um Wasser und Lebensmittel zu besorgen, fuhr er jeden Morgen mehr als zwei Stunden lang mit dem Auto durch die hügeligen Straßen. Es war ein unsicheres Gefühl, als würde er über Wolken schreiten. Wenn er zu den kahlen Bergen hinüberblickte, auf denen noch etwas Schnee lag, kam es ihm so vor, als sei gar nichts passiert. Verschiedene Szenen aus seinem zweiundsechzigjährigen Leben tauchten während der Fahrt immer wieder in seinem Kopf auf, wie unter dem Titel „Mein Leben", und er ließ sie Revue passieren.

Er wusste nicht, wie viele Tage seit dem Tsunami vergangen waren. Er hatte im Supermarkt hinter der Anhöhe zwei Flaschen Wasser und ein paar Dosen Lebensmittel gekauft. Als er zurückkam, hörte er vom Hühnerstall laute Geräusche. Er ging hin, um nachzusehen, und dort war ein Hahn, den er noch nie gesehen hatte.

Misaki hatte den Wunsch geäußert, befruchtete Eier zu essen. Sie hatten mit vier weißen Leghorn-Hühnern angefangen und inzwischen waren es acht. Im Taifun im vorherigen Jahr war ein Teil des Daches vom Hühnerstall weggeblasen worden. Seitdem war in der Ecke ein Loch von etwa 30 cm Größe. Da es hier keine Marder gab und die Hühner sowieso nicht fliegen konnten, hatte Hideki es einfach so gelassen. Und genau durch dieses Loch war nun tatsächlich ein stolzer Hahn, ein richtiges Prachtexemplar, in den Stall eingedrungen. Ob absichtlich oder ob er sich verirrt hatte, sei einmal dahingestellt.

„Ein bildhübscher Hahn hat sich zu uns dazugesellt", sagte Hideki. Er hatte den Hühnern ihr Wasser und Futter nachgefüllt und war dann hinauf in den ersten Stock zu Misaki gekommen.

„Was ist es denn für ein Hahn?", fragte Misaki mit leuchtenden Augen. Hideki fing an zu gestikulieren.

„Sein Hals ist golden. An seiner Brust und seinem Schwanz sind wunderschöne schwarze Federn, die bläulich und grünlich schimmern. In den Schwanzfedern befindet sich aber auch Weiß. Sein Kamm ist sehr stattlich. Damit wirkt er etwas streng und vielleicht liegt es daran, aber unsere Hühner betrachten ihn nur aus sicherer Entfernung. Er ist auch viel größer als sie."

Hideki spielte den strengen Hahn vor und erinnerte sich dabei an die berühmten Nachahmungen des Fernsehmoderators Tamori. Er winkelte die Arme an, klemmte die Hände unter die Achseln, streckte die Brust heraus, ging in die Knie und stolzierte herum. Als sie das sah, fing Misaki zum ersten Mal seit langer Zeit an zu lachen.

Es gab auch jetzt noch Nachbeben. Hideki hatte immer noch das Gefühl, mitten in dem Strudel einer Katastrophe zu sein. Allerdings freute sich Hideki wirklich über den neuen Eindringling.

Die Telefonleitungen waren immer noch tot und das Gefühl, von der Welt abgeschnitten zu sein, hielt an. Aber tatsächlich war das Leben sonst nicht so viel anders als zuvor. Auch davor hatte Hideki schon kein Handy haben wollen, und Misaki, die sowieso überhaupt nicht mehr ans Telefon ging, verlor darüber kein Wort. Vielleicht hatten sein jüngerer Bruder, der in Tokyo wohnte, oder einige alte Freunde von ihm versucht, ihn zu erreichen. Misakis Eltern hatten den Kontakt abgebrochen und Misaki wusste noch nicht einmal, ob sie noch lebten. Misaki hatte keinem einzigen von ihren Freunden die Telefonnummer dieses Hauses überhaupt mitgeteilt. Sie hatte wohl eine ältere Schwester, die alleine in Nagoya lebte, aber auch mit ihr lag der letzte Kontakt mehr als fünf Jahre zurück. Was ihre sozialen Verbindungen anging, war es ohnehin so, als ob sie bereits gestorben wären. Daher war dieser Hahn der wertvolle erste Gast seit Langem.

Als es langsam dunkel wurde, kamen zwei Polizisten vorbei. Als Hideki sich später daran erinnerte, kam es ihm unwirklich vor. Ein älterer und ein jüngerer Polizist, die auch Vater und Sohn hätten sein können, nannten ihm abwechselnd die Adressen von Notunterkünften und sagten ihm hektisch, sie sollten sich möglichst schnell evakuieren. Über die Gefahr durch den Unfall im Atomkraftwerk schienen aber auch die beiden Polizisten nicht genauer Bescheid zu wissen. Als Hideki Fragen stellte, wurde ihm mehrmals nur ärgerlich gesagt: „Möglichst schnell evakuieren." Auf Hidekis seltsame Frage, welcher Tag heute sei, antwortete der jüngere Polizist unwirsch, es sei der Siebzehnte. Als Hideki von Misaki erzählte, schwiegen die beiden plötzlich. Hideki meinte: „Es ist schon in Ordnung. Wir kommen hier bestimmt irgendwie zurecht." Wie die beiden Polizisten dies wohl verstanden? Sie wiederholten noch einmal mit strengem Gesichtsausdruck ihre Aufforderung und Hideki lehnte es noch einmal ab, sich zu evakuieren. Ihr Schweigen war furchterregend schwer. Die beiden zuckten mit den Schultern und stiegen wieder in ihr Polizeiauto ein.

Die Polizisten hatten von der Gefahr des Atomunfalls und der radioaktiven Strahlung gesprochen. Diese Gefahr kam Hideki einfach nicht real vor, denn er nahm sie nicht wahr. Er erinnerte sich an einen Film von der Atombombe, den er früher mal im Fernsehen gesehen hatte, und er stellte sich so etwas wie Giftgas vor. Wenn er mit Misaki zusammen einen nicht sonderlich qualvollen Tod sterben könnte, wäre das auch gar nicht so schlecht. Sie waren ursprünglich aus der Saitama Präfektur hergekommen, ohne irgendeine Verbindung zu dieser Gegend, und hatten hier ein Haus gebaut. Dafür hatten sie nicht mal einen triftigen Grund gehabt. Misaki hatte gesagt: „Ich möchte in der Nähe vom ruhigen Meer leben." Diesem simplen Wunsch von Misaki entsprechend, hatten sie halb aus Spaß mit geschlossenen Augen mit dem Finger auf eine Landkarte gezeigt und diese Gegend war dabei herausgekommen. Misaki hatte mit dem Finger gezeigt und Hideki hatte die Karte gehalten, also konnte man nicht einmal einem von ihnen die Schuld daran geben.

Auf jeden Fall war es hier seit dem Tsunami, nun da die Nachbeben auch aufgehört hatten und die Menschen weggegangen waren, noch mehr als zuvor „in der Nähe vom ruhigen Meer".

Seit dem Erdbeben legte sich Hideki jeden Abend um kurz nach acht in das Bett neben Misakis Bett schlafen und morgens um kurz nach fünf stand er auf und kochte den Reis in einem gusseisernen Topf. Aber der neue Hahn krähte eine Stunde eher als die zwei weißen Leghorn-Hähne. Wenn der Himmel durch das Fenster gerade begann etwas heller zu werden und sich rötlich zu färben, fing der neue Hausgast an, jeden Morgen lang, ausgiebig und durchdringend zu krähen. Als ob er das Fenster zum Klirren bringen wollte.

Bis dahin war Hideki nicht einmal davon wach geworden, wenn die beiden Hähne zusammen gekräht hatten. Aber in diesem ausgiebigen Krähen war so ein starker Wille zu spüren, eine traurige Entschlossenheit, und er wurde dadurch schlagartig wach. Es kam ihm vor, als ob man ihn plötzlich aus dem Wasser gezogen hätte. Als er sich umdrehte, war Misaki neben ihm bereits wach. Das Licht der Morgenröte spiegelte sich in ihren Augen. Sie sagte: „Ist das der Langkräher[4]?", und sah Hideki fragend an.

In Hidekis Kopf Wort tauchten die Schriftzeichen für das Wort *Tôtenko* auf. Es gab eine Restaurantkette, und die Zeichen bedeuteten „Hahnenschrei am Morgen". „*Tôtenko*, ist das nicht dieses chinesische Restaurant?!"

„Nein, es ist umgekehrt: Das Restaurant hat sich nach der Hühnersorte benannt, das braune Haushuhn, was zu den Langkrähern gehört."

„Ach, so eine Hühnersorte gibt es?"

„Ja. Diese Sorte kann besonders lange krähen. Eigentlich wollte ich schon lange gerne so einen Hahn halten."

Das hörte Hideki zum ersten Mal. Vor einigen Jahren hatte Misaki gesagt, dass sie gerne Hühner halten würde. Hideki hatte dann gar nicht genauer nachgefragt und kurzerhand bei einem Hühner züchtenden Bauern ein paar Küken gekauft, männliche und weibliche. Er hatte damals gewusst, dass sich Misaki mehrere Bücher über Hühner besorgt und sie durchgelesen hatte. Allerdings war er nicht darauf gekommen, dass sie schon konkret über Hühnersorten nachgedacht hatte. Misaki hatte auch nichts gesagt und es hatte so ausgesehen, als ob sie sich über die weißen Leghorn-Küken gefreut hatte. Sie hatte doch so oft gesagt: „Diese Eier schmecken doch wirklich lecker", und hatte beim Essen der Eier zufrieden gewirkt.

„Warum sagst du mir denn das jetzt erst?", fragte Hideki.

„Naja, weil… Ach, entschuldige bitte", sagte Misaki.

„Es ist nicht gut, wenn du es mir nicht sagst, sondern einfach abbrichst und es alles runterschluckst!"

„Tut mir leid."

---

4 Anm. d. Übers.: Langkräher = jap. *Tôtenko*.

Hideki tat dies sonst nicht, aber jetzt dachte er darüber nach, was wohl Misaki danach hätte sagen wollen. Was wäre auf das „Naja, weil" eigentlich gefolgt, wenn sie es nicht heruntergeschluckt hätte? „Weil ich gedacht habe, wenn der Hahn ganz früh und laut kräht, weckt er dich vielleicht und du kannst nicht schlafen." „Weil doch schließlich du derjenige bist, der sich um die Hühner kümmert, da kann ich doch nicht auch noch so etwas einfordern. Man darf nicht übertreiben, das wird bestraft." „Weil ich dachte, du musst dich ja schon um mich kümmern und schaffst es deswegen nicht zu arbeiten, da kann ich doch schon froh sein, dass du uns überhaupt Hühner gekauft hast, darüber habe ich mich auch wirklich gefreut!"...

Aber auch Hideki sprach diese Vermutungen nicht aus, sondern schluckte sie hinunter. Es war, wie wenn man eine bittere Medizin durch Oblaten versüßt, sie darin einwickelt und hinunterschluckt. Dann lächelte er. Und daraufhin brachte er das Gespräch auf das ursprüngliche Thema zurück und sagte: „Ist es dann nicht ein glückverheißender Vogel?"

In diesem Moment krähte der Langkräher noch einmal, diesmal noch heller, länger und stärker als zuvor.

Hideki lachte und setzte sich im Bett auf. Er zog sich eine Stunde früher als sonst um und ging die Treppe hinunter.

Dass Misaki auf der Treppe im Haus ausgerutscht und hinunter gestürzt war, war inzwischen dreizehn Jahre her. Damals waren sie ziemlich genau fünfundzwanzig Jahre lang verheiratet gewesen.

Sie hatten damals die Hoffnung schon lange aufgegeben, Kinder zu bekommen. Aber es hätte keiner gedacht, dass so kurz nach ihrem Umzug in das neu gebaute Haus so etwas passieren würde. Das neue Haus hatte sich Misaki gewünscht, und dann war der Unfall auch noch ausgerechnet auf der Treppe aus Kirschbaumholz geschehen, die extra so eingebaut worden war, wie Misaki sie sich ausgesucht hatte. Es betraf nicht nur ihre gesamte untere Körperhälfte, durch den Aufprall auf ihren Kopf war ebenfalls ihr linker Arm gelähmt.

Misaki hatte an jenem Abend ihr abendliches Bad genommen und war schon nach oben gegangen. Und dann war es tatsächlich wohl seine Schuld gewesen, denn Hideki hatte Misaki noch einmal zu seinem Arbeitsplatz herunter gerufen. „Komm doch noch mal kurz!"

Wie oft hatte er seine Worte seitdem wie die Stimme eines Dämonen in seinen Alpträumen widerhallen hören. Dann wachte er schweißgebadet auf und erinnerte sich voller Selbstzweifel an seine Freude an diesem Abend, dass er seine Skulptur fertiggestellt hatte.

Seit diesem Tag, an dem er eine Statue, die Boddhisattva als Kind darstellte, vollendet hatte, hatte er keine einzige Holzfigur mehr geschnitzt. In sein liebgewonnenes Arbeitszimmer, wo er auf den Holzboden ein rundes Sitzkissen gelegt hatte, setzte er sogar kaum mehr einen Fuß.

Dass die Pflege von Misaki einen Teil von Hidekis Zeit in Anspruch nahm, war natürlich eine Tatsache, die man nicht verleugnen konnte. Da er früher drei Jahre lang in der Lehrzeit bei einem Schnitzmeister von Buddha-Statuen gewohnt hatte, fiel es ihm nicht schwer, zu putzen, die Mahlzeiten zuzubereiten oder aufzuräumen. Aber sich jeden einzelnen Tag dreimal um das Essen und den Abwasch zu kümmern, wurde mit der Zeit doch zu einer Belastung. Und er fand auch keine Zeit mehr, in seiner Freizeit alte Tempel zu besuchen, was ihm früher viel Freude gemacht hatte. Dass er nicht mehr in sein Arbeitszimmer gegangen war, hing allerdings weniger damit zusammen, dass er dafür einfach keine Zeit mehr hatte, sondern eher damit, dass er fand, nicht mehr das Recht zu haben, Buddha-Statuen zu schnitzen. Misaki war so ein Unglück widerfahren und, schlimmer noch, es gab einen Teil von ihm, der es als lästig empfand, sich um sie zu kümmern. Er hatte jeden Tag die Treppe aus Kirschholz mit Kamelien-Öl gewienert und er selbst war damit ganz zufrieden gewesen. Was konnte er da schon für Buddha-Statuen schnitzen?

Vor drei Jahren war einmal eine Frau vom Sozialdienst der Stadtverwaltung vorbeigekommen. Sie hatte vorgeschlagen, eine Pflegestufe zu beantragen, um die Pflegebedürftigkeit von Misaki offiziell anerkennen zu lassen. Aber Hideki hatte dies abgelehnt. Er hatte sich Sorgen gemacht, dass sein eingespielter Tagesablauf durcheinander gebracht werden würde. Vor allem hatte er aber trotzig gefunden, dass er noch mehr bestraft werden müsse.

So verbrauchten sie langsam ihre Ersparnisse, die aus dem kleinen Zuverdienst, den Misaki durch ihre Übersetzungen angespart hatte, bestanden und aus den Einkünften aus dem Verkauf seiner großen Buddha-Statuen an große Tempel. Eines Tages begann Hideki, aus

Holzresten Essstäbchen zu schnitzen. Dies tat er nicht an seinem früheren Arbeitsplatz, sondern zwischendurch an einer Ecke des Esstisches. Das obere Ende der Essstäbchen verzierte er mit Blumen oder Wolken. Ansonsten waren es ganz schlichte, helle Holzstäbchen ohne jegliche andere Zier. Zwei Souvenirläden am Strand waren so nett gewesen, die Stäbchen für ihn zum Verkauf anzubieten. Der Verdienst aus diesen Verkäufen belief sich allerdings stets nur auf einen nicht besonders nennenswerten Betrag. Und nun waren zweifelsfrei diese beiden Souvenirläden auch vom Tsunami weggespült worden.

Seit dem Erdbeben hatte Hideki auch diese Essstäbchen nicht mehr geschnitzt. Er stieg die Treppe hinunter, die ein Geländer hatte, und ging geradeaus auf die Tür seines Arbeitszimmers zu, welches nach Westen hin lag. Als er die Tür nun nach langer Zeit einmal wieder öffnete, sah er, dass alles im Arbeitszimmer mit einer dünnen Staubschicht bedeckt war. Alles wirkte dunkelblau, so als ob es sich tief unter einer Wasseroberfläche befand. Hideki ging bis zum Fenster hinüber und setzte sich auf das runde Sitzkissen. Obwohl der Raum ausgekühlt war, bemerkte er, dass sein Blut schwungvoll durch seinen ganzen Körper floss.

In diesem Moment kam es Hideki so vor, als ob der Hahn und er selbst eins wären. Der Hahn, der seine stolze schwarzglänzende Brust herausstreckte, der seinen goldenen Hals reckte und die weißen Leghorn-Hühner beäugte.

„Dadurch, dass ich noch am Leben bin, schränke ich dich doch nur ein. Das möchte ich nicht mehr."

Etwa drei Tage vor dem Erdbeben hatte Misaki dies plötzlich leise gesagt. Das weiche Licht, das durch den Kiefernwald hindurch schien, fiel durch das Fenster in ihrem Rücken. Sie blickte langsam hinab auf ihre geleerte Reisbrei-Schale.

„Sag doch nicht so einen Blödsinn."

Obwohl Hideki direkt so geantwortet hatte, bildete sich daraufhin ein langes Schweigen. Es bestand weiterhin, während Hideki die Schalen, Löffel und die kleinen Schälchen für Eingelegtes wegräumte. Das Schweigen hielt an, bis er den Tisch wieder zurück an die Wand geschoben hatte.

„Warum sagst du denn so was?"

Er hatte sich ihr wieder zugewandt. Misaki fischte mit den Fingern ihrer noch beweglichen rechten Hand einige Tabletten aus dem Pillendöschen. Hideki reichte ihr ein Glas Wasser und brachte es nicht über sich, zu lachen oder noch etwas anderes zu sagen.

Das Leben, nein, der Tod – durch Misakis Worte hatte er von einen Moment auf den anderen darüber nachgedacht. Das war wie ein dunkles Loch. Ohne dass dieses Loch aufgefüllt wurde, kamen das große Erdbeben, der Tsunami und dann der Unfall im Atomkraftwerk.

Hideki kam es so vor, als ob er zu beschäftigt gewesen sei mit anderen dringenden Aufgaben und ihn verfolgenden Ängsten, sodass er eine Zeitlang nicht dazu gekommen war, noch einmal in dieses Loch hineinzublicken. Aber als er jetzt auf dem kühlen Sitzkissen saß und aus dem Fenster hinaus in den immer noch dunklen Himmel blickte, dachte Hideki, dass sich nichts verändert hatte. Aus acht Hürden in allen Himmelsrichtungen waren eben zehn Hürden geworden, weiter nichts.

Einem inneren Drang gehorchend, der in seinen Adern pochte, legte Hideki einen ausgetrockneten Zypressen-Baumstamm auf seine Werkbank. Er nahm aus dem Regal ein Stecheisen und setzte sich versuchsweise auf das Sitzkissen.

Nach einer Weile tauchte vor seinem inneren Auge eine Kannon-Statue auf, die Misaki mit ihrem nach unten gerichteten Blick ähnlich sah. Kurz darauf veränderte sie sich und wurde zu einem lebhaften Gesicht, das Misaki in jungen Jahren ähnelte. Sie sah Hideki mit starkem Blick an.

Als Hideki sich entspannte und es einfach zuließ, runzelte sie zögerlich die Stirn, bat um Verzeihung mit „Entschuldige bitte", sagte stockend „Aber…" und fing an, „Danke" zu flüstern.

Eigentlich wiederholte Misaki seit dem Treppensturz unablässig „Danke" und „Entschuldige bitte". Es war, als ob sie mit diesem Lebensgrundsatz versuchte, trotz der Hoffnungslosigkeit zu leben. Es half wohl Misaki und war auch eine Stütze für Hidekis Gefühlszustand. Aber war es nicht gleichzeitig ein Fluch, der die geschundenen Herzen der beiden doch nur unter Hausarrest stellte?

Draußen hatte sich der Himmel bereits rosa verfärbt. Hideki sah noch einmal das kraftvolle Gesicht der jungen Misaki vor sich. Er fing an, ohne sich vorher grobe Linien zu zeichnen, das Stecheisen in das Holz zu treiben.

Er sah Misakis vor Selbstbewusstsein strotzendes Gesicht vor sich, aus der Zeit vor ihrer Ehe, als sie Aufsätze aus dem Englischen für wissenschaftliche Zeitschriften übersetzt hatte. Der Duft des Zypressenholzes umgab ihn. Da sah er plötzlich Misaki mit ihrer Hochzeitshaube vor sich, frisch und heiter.

In dem Holzstück sah Hideki keine klare, konkrete Form vor sich. Hideki stand auf, kramte zuerst sein Putzzeug hervor und fing damit an, den Boden zu fegen. Inzwischen war der Himmel draußen hellblau geworden. Die weißen Leghorn-Hähne fingen wie immer an zu krähen. Als Hideki zum Holzschuppen vorne am Haus ging, sah er, wie der Langkräher den Boden zu treten schien. Hideki nahm einige Holzreste von der Stäbchenproduktion und zündete damit ein Feuer im Ofen an. So begann er also seinen regulären morgendlichen Arbeitsablauf, aber genau in diesem Moment wurde ihm bewusst, dass er sich das erste Mal dazu bereit fühlte, sich der Hoffnungslosigkeit von Misaki in ihrem ganzen Ausmaß zu stellen. Er wusste zwar noch nicht, wohin es führen würde, aber nach mehr als dreizehn Jahren hatte er erstmals wieder begonnen, eine Skulptur von Misaki herzustellen. Sie hatten das Erdbeben und den Tsunami überlebt, und es kam ihnen nicht so vor, als wären sie von der radioaktiven Strahlung bedroht. Aber irgendwo in ihm war das Bewusstsein über den Tod geweckt worden, und diese Erkenntnis traf Hideki mit großer Wucht.

„Sag mal, da hat aber jemand gute Laune, oder?“, sagte Misaki lächelnd, als Hideki vom Wasserholen hoch in den ersten Stock kam.

„Ja, dem neuen Hahn geht es nach wie vor gut. Er frisst auch mehr Futter als der alte.“

Misaki prustete überrascht und wedelte mit ihrer beweglichen rechten Hand vor ihrer Brust.

„Nein, nein, ich meinte dich, nicht den Hahn!“

„Ich? Sehe ich so aus, als ob ich gute Laune habe?“

Misaki nickte still und langsam. Hideki überlegte nur kurz und erzählte ihr dann sogleich, dass er an seinen Arbeitsplatz gegangen war. Obwohl Misaki sich die ganze Zeit in diesem Zimmer befand, konnte sie sich wahrscheinlich sowieso anhand der Geräusche zusammenreimen, wo sich Hideki jeweils aufhielt und was er gerade tat. Vermutlich hatte sie plötzlich das Hämmern des Stecheisens bemerkt.

„Was stellst du denn her?", fragte Misaki.

„Das ist ein Geheimnis."

„Zeigst du es mir, wenn es fertig ist?"

„Ja, also dafür mache ich es eigentlich."

Misaki lächelte zufrieden. Sie sagte, sie hätte mal wieder Lust, etwas zu lesen und würde gerne das Bücherpult haben, das er ihr gebaut hatte. Hideki freute sich und stellte zuerst den beweglichen Tisch auf. Darauf stellt er das Podest, mit dem man einhändig ein Buch lesen konnte. Misaki entschied sich für ein Pflanzenlexikon und er legte es ihr zurecht.

Seit Hideki wieder an seinen Arbeitsplatz ging, verbrachte er eindeutig weniger Zeit oben im ersten Stock. Manchmal stand er gleichzeitig mit den Hühnern auf und ging bis zum Mittag nicht noch einmal hoch. Aber trotzdem wirkte Misaki strahlender als vorher, und auch Hideki konnte die Zeit, die er im ersten Stock verbrachte, wieder mehr genießen.

Der Supermarkt, wo er bisher das Wasser gekauft hatte, wurde geschlossen. Hideki musste nun noch größere Entfernungen mit dem Auto zu einem anderen Laden zurücklegen. Dort nahm er ab und zu eine Zeitung in die Hand und überflog die Schlagzeilen. „Mehr als 20 000 Menschen fliehen in Gebiete außerhalb der Präfektur Fukushima", „Stromversorgung für Reaktor 2 wiederhergestellt, Kühlung wird angestrebt", „Mehr als 5000 Tote und Vermisste allein in der Präfektur Fukushima", „Forderung nach selbstauferlegtem Auslieferungs-Stopp von Rohmilch", „Für sechs Oberschulen und eine Förderschule in der Evakuierungszone einstweilige Ersatzorte gefunden", „Strahlenwerte über dem Grenzwert im Trinkwasser", „Verkaufsstopp für Spinat und *Kakina*-Kraut in Fukushima und drei weiteren Präfekturen". Es schien, als ob die Präfektur und auch die gesamte Umgebung sich in einem gewaltigen Chaos befanden.

Hideki konnte sich jedoch nicht dazu bringen, darüber von Grund auf erstaunt zu sein oder sich zu fürchten. Misaki hatte er auch von diesen Schlagzeilen berichtet. Sie hatte die Stirn gerunzelt und traurig ausgesehen. Aber es war, als ob man einen kleinen Stein in einen Teich geworfen hätte. Er warf kurz kleine Wellen auf, und bald war die Oberfläche schon wieder so glatt und friedlich wie zuvor.

„Kommen die Hühner und Hähne gut miteinander aus?“, fragte Misaki plötzlich. Es war draußen noch dunkel und sie waren gerade durch das Krähen geweckt worden.

„In letzter Zeit geht der eine weiße Hahn hin und wieder zu dem Neuen hin. Es sieht so aus, als ob er sich etwas beibringen lassen wollte.“

„Der Langkräher? Was bringt der ihm denn bei?“

„Das weiß ich doch nicht.“

Misaki sah aus dem Fenster, wo ein Streifen Morgenröte zu sehen war, und lächelte fröhlich. Vielleicht war es gerade ein Gespräch, das aus etwas Anderem als „Entschuldige bitte“ und „Danke“ bestand, was Misaki fröhlich machte.

Es gab auch Tage, an denen Misaki sich an ihr altes Buch über Hühner erinnerte, es sich von Hideki geben ließ und es voller Hingabe las.

Die erste Holzskulptur seit Langem herzustellen, fiel Hideki nicht leicht.

Er hatte sich entschieden, dass die rechte Hand nach vorne ausgestreckt sein würde. Aber der Gesichtsausdruck und der Unterkörper waren noch unfertig. Er hatte entschieden, dass unten Lotusblütenblätter wie vom Wind verstreut liegen sollten. Aber als er dies schnitzte, wirkte der Sockel auf ihn wie ein Bett.

Einmal hatte er eine so deutliche Vorstellung vor dem inneren Auge gehabt. Das müsste genau am 26. März gewesen sein. An diesem kalten Morgen war er mit dem Auto über die Hügel gefahren. Der Frost auf den Bäumen war wunderschön gewesen. Er hatte Wasser eingekauft und dabei auch in eine Zeitung geschaut. „Gefahr durch das Atomkraftwerk. Freiwillige Evakuierung im Radius von 20–30 km“, „Stark strahlenbelastete Gebiete: weiterhin Evakuieren angeraten“, „Abbruch der Rettung von Reaktoren 1 bis 3, zehntausendfach erhöhte Strahlenwerte“. Er hatte sich die Zeitung gekauft und war Zuhause direkt als Erstes wieder an seinen Arbeitsplatz gegangen.

Warum, wusste er nicht, aber seit diesem Tag hatte Hideki mit ununterbrochenem Elan an der Statue weitergearbeitet. Es kam ihm so vor, als könne er die Befürchtungen vieler Menschen förmlich hören. Und auch in ihm hatte sich eine gewisse Angst breitgemacht. Aber dann wurde daraus die Kraft, mit der er das Stecheisen führte. Dann verging die Angst.

Der Langkräher krähte mehrmals laut hintereinander. Als Hideki dies bemerkte, ging er hinaus zum Hühnerstall. Die Hühner liefen zu ihm. Der Hahn scharrte mit den Füßen, trat den Boden und hüpfte auf und nieder. Hideki füllte das Wasser auf, gab ihnen Futter und fand zwei neu gelegte Eier. Er nahm sie an sich und machte sofort Reis mit Spiegeleiern.

Es war schon nach zwei Uhr nachmittags, als er endlich mit dem Essen hoch in den ersten Stock ging. Misaki lachte verblüfft, deutete eine Verbeugung an und sagte: „Entschuldige bitte." Misaki, die alleine nicht einmal das Kopfteil des Bettes hochstellen konnte, war sicherlich auch manchmal ungeduldig, wenn sie auf Hideki warten musste. Aber von außen betrachtet war Misaki ganz ruhig, als sie darauf wartete, dass Hideki das Bett hochstellte. Das Essen war wie immer. Misaki faltete nur die rechte Hand zur Gebetshaltung vor dem Tablett und verbeugte sich von ganzem Herzen dankbar.

Nach dem Essen redeten sie nicht über das Atomkraftwerk oder die radioaktive Strahlung. Misaki fing an, von den Hühnern zu sprechen. „Warum glaubst du, haben die Menschen angefangen, Hühner zu halten?" „Naja, bestimmt für die Eier und das Fleisch, oder?" „Nein, es ist anders. In Japan zumindest", sagte Misaki triumphierend und streckte ihr kleines Kinn hervor.

„Früher gab es eine Hühnersorte, die Shôkoku genannt wurde." Angeblich wurde diese Rasse, die man „kleines Land" schreibt, seit über 1200 Jahren in Japan gehalten. Ursprünglich wurde der Name mit den Schriftzeichen „genaue Zeit" oder „genaue Meldung" geschrieben. Das heißt, die Hühner wurden zur Zeitangabe verwendet, als es noch keine Uhren gab.

Misaki sagte stolz, daran könne man sehen, wie fortschrittlich die Heian-Zeit gewesen sei. Wahrscheinlich hatte das in dem Buch gestanden, das sie gelesen hatte.

Hideki stellte das Bett auf die Liegeposition zurück, fast vollkommen waagerecht. Als er zum Kopfende ging, hob Misaki die rechte Hand und sagte zurückhaltend: „Vielen Dank." Dann sah sie Hideki lange an und sagte: „Viel Erfolg!“ Ihr Gesichtsausdruck kam Hideki irgendwie einsam vor. Aber er dachte nicht weiter darüber nach und ging die Treppe hinunter zu seinem Arbeitsplatz, ohne davor den Abwasch zu erledigen.

Es war in der zweiten Aprilhälfte, als der jüngere Bruder von Hideki, Naoki, zu der provisorisch eingerichteten Behörde kam, um die Urnen mit der Asche von Misaki und Hideki abzuholen. Ritsuko Igari von der Abteilung für Wohlfahrt reichte ihm die Bescheinigung über die Feststellung des Todes. Ritsuko fuhr Naoki bis zu dem Tempel, wo die Urnen zeitweilig aufbewahrt wurden. Auf dem Weg dorthin bemerkte sie zum ersten Mal, dass die Kirschen angefangen hatten zu blühen.

Auf dem Beifahrersitz hatte Naoki die Unterlagen durchgeblättert. Flüsternd stellte er eine Frage.

„Wie sind die beiden gestorben?“

„Die Polizei hatte die Stadt benachrichtigt, dass die beiden nicht evakuiert worden waren. Von der Stadt sollten dann ein Mal Wasser und Vorräte zu ihnen gebracht werden, aber da wurde die Tür nicht aufgemacht. Dann waren es letztendlich die Selbstverteidigungsstreitkräfte, welche die beiden gefunden haben.“

„Nein, das meine ich nicht.“

„Ach so. Also, die beiden wurden im Bett im ersten Stock gefunden. Sie hielten sich an den Händen. Aber…“

„Aber?“

Naoki hatte sich Ritsuko zugewandt. Ritsuko wählte ihre Worte sorgfältig und bemühte sich, ihm mitzuteilen, was sie beschäftigt hatte.

Naoki hatte sich beim Lesen des Berichts wahrscheinlich über den Ausdruck „Tod durch Verhungern“ gewundert.

Der Arzt, der die Untersuchung durchgeführt hatte, meinte, es sei wahrscheinlich, dass Hideki zuerst gestorben sei. Bei Hideki habe es sich um einen plötzlichen Herzstillstand handeln können. Hideki habe auf dem Bauch gelegen und Misaki auf dem Rücken. Falls es tatsächlich so war, dass Hideki zuerst verstorben war, würde das bedeuten, dass Misaki Hidekis Tod begleitet hatte und dann unbeweglich dort so lange gewartet hatte, bis auch ihr Tod sich einstellte.

Merkwürdig war, dass Hideki, der zuerst verstorben sein sollte, die rechte Hand von Misaki ganz fest in seiner Hand umschlossen hielt. Aber die Untersuchung, bei der Ritsuko dabei gewesen war, wurde zügig beendet, ohne dass Zeit zur Verfügung stand, um weiter über diese Umstände nachzudenken. Allerdings war es seltsam, dass noch ein ausreichender Vorrat an Benzin, Reis und Konserven vorhanden gewesen war. Der Pathologe hatte viel zu tun, und die wahre Todesursache wurde nicht eingehend untersucht. Es war eher so, dass aus dem Augenschein des Arztes vor Ort eine Entscheidung über den Grund gefällt wurde. Die Leichenhallen der Stadt waren auch jetzt noch überfüllt mit unzähligen Todesopfern des Tsunamis, bei denen die Todesursache festgestellt werden musste, die identifiziert werden mussten oder die auf die Einäscherung warteten.

„Aber wissen Sie, die beiden hatten einen ganz friedlichen Gesichtsausdruck."

Ritsuko nickte, als wolle sie sich selbst damit zufriedenstellen. Aber Naoki auf dem Beifahrersitz hatte die Arme verschränkt und schien über etwas nachzudenken. Als das Auto gerade an einer Ampel stand, sagte er plötzlich, mit dem Gesicht nach vorne gewandt:

„Wie hoch war denn die Strahlung dort?"

„Wie bitte?"

Einen Augenblick lang verstand Ritsuko nicht, was er meinte. Gerade vor zehn Tagen war durch die Nachrichten gegangen, dass der Unfall von Fukushima auf dem schlimmsten Grad, Level 7, wie Tschernobyl eingestuft worden war. Auch an diesem Morgen hatte in der Zeitung gestanden: „Noch 6 bis 9 Monate bis zur kalten Abschaltung". Aber Ritsuko sagte: „In der Gegend ist die Strahlung, glaube ich, nicht so hoch." Sie erinnerte sich an die Messwerte, während sie dies sagte. „Glauben reicht da nicht", sagte Naoki, und sie spürte, dass er sich schon selbst davon überzeugt hatte und sagte nichts mehr. Sie blickte während der Weiterfahrt auf die Kirschblüten am Straßenrand und versuchte, sich so abzulenken. Etwas anderes schien ihr nicht übrigzubleiben.

Als sie am Tempel angekommen waren, meldete sich Ritsuko über die Sprechanlage an der Klingel bei dem Priester an und ging wie gewohnt geradeaus durch zu dem Hauptgebäude.

Auf Regalen an der linken Seite standen unzählige Pappkartons und Urnen. Auf einem kleinen Tisch davor befanden sich Räucherstäbchen, von denen kleine Rauchfäden nach oben stiegen.

„Bitteschön, hier ist es“, rief Ritsuko Naoki zu sich und zündete routiniert eine Kerze an. Der Priester kam in seiner Arbeitskleidung dazu und sie stellte ihn vor. Naoki entzündete ebenfalls, wie es Sitte war, ein Räucherstäbchen, und eine Zeitlang sah er nur hinauf zu den beiden Urnen, die Ritsuko ihm gezeigt hatte, und schwieg.

Letztendlich nahm er die Urnen nicht mit. Naoki wirkte schlecht gelaunt, als er sich alleine auf den Rückweg machte. Der Priester brachte Ritsuko ein Tablett mit Tee auf die Veranda.

„Die Menschen sind so verschieden, nicht wahr?“

Der Priester reichte Ritsuko etwas zum Knabbern und strich sich dabei gedankenverloren über seinen glatt geschorenen Kopf.

„Die beiden Verstorbenen freuen sich vielleicht auch mehr darüber, wenn sie mit den anderen Opfern hier im Tempel anonym beigesetzt werden. Das ist immer noch besser, als auf dem Rückweg im Gepäcknetz vom Zug zurück gelassen zu werden.“

„Ja, vielleicht.“

„Sie haben es auch nicht leicht. Sie bringen Urnen hierher und holen sie wieder ab. In letzter Zeit machen Sie ja im Grunde die Arbeit eines Bestatters. Nun, bei so vielen geht es wohl einfach nicht anders.“

Ritsuko knabberte schweigend an den Reiscrackern, die er ihr gereicht hatte. Dabei spürte sie, wie sie sich merkwürdigerweise beruhigte. Sie sah die herabhängenden Zweige der Kirschbäume im Tempelgelände an, sie waren zur Hälfte erblüht in kräftigen Rottönen.

„Ihrem Mitbringsel geht es gut.“

Der Priester lud sie mit schelmischem Blick dazu ein, ihm in den Garten hinter dem Tempel zu folgen. Der Hahn lief lebhaft auf sie zu. Beim Abtransport der Leichnahme der beiden hatte Ritsuko ein Krähen gehört und in den Hühnerstall geschaut. Viele weiße Leghorn-Hühner mit weißem Kamm hatten tot am Boden gelegen. Nur dieser eine Hahn hatte dagehockt und Ritsuko angekräht. Ritsuko hatte ohne weiter darüber nachzudenken darauf reagiert, dass er noch am Leben war. Sie hatte den jungen Kollegen, mit dem sie gekommen war, gebeten, den Hahn mitzunehmen. Er wurde in eine Kiste gepackt und zum Amt gebracht. Aber dort fand sich niemand, der bereit war, ihn aufzunehmen. Am Abend dieses Tages war sie zum Tempel gekommen, um darum zu bitten, dass er hierbleiben dürfe.

„Diese Hühnersorte nennt sich Langkräher. Das ist doch ein toller Name, oder?"

„Ja. Langkräher nennt er sich also. Entschuldigen Sie, dass ich Ihnen das aufgehalst habe."

„Kein Problem. Er macht mir mehr Freude als die Urnen. Oh, aber meine Frau lässt ausrichten, nächstes Mal bitte auch Weibchen dazu. Der hier legt keine Eier, dafür kräht er schon in der Frühe, wenn es noch dunkel ist. Und sein Futter verputzt er in rauen Mengen!"

Als ob er auf das Lachen des Priesters reagieren würde, reckte der Hahn seinen hübschen goldenen Hals und ließ unter den Pflaumenblüten seine Stimme kraftvoll und lang anhaltend erklingen.

„Möchten Sie Ihrem anderen Mitbringsel auch noch einen Besuch abstatten?"

Ritsuko nickte und folgte dem Priester in Richtung Hinterzimmer des Haupthauses. Die Statue, die zwischen den beiden Verstorbenen gelegen hatte, so als ob sie sich zwischen sie drängen wollte, war insgesamt etwa 60 Zentimeter hoch. Die rechte Hand war nach oben gerichtet, die linke Hand nach unten und sah aus, als würde sie sich gleich bewegen. Es wirkte, als ob der Betrachter jeden Moment umarmt werden würde. Ein Lächeln, das ein großes Vertrauen stiftete. Jedes Mal, wenn Ritsuko die Statue sah, war sie bewegt davon und faltete die Hände. Der Unterkörper sah so aus, als ob er mit Lotusblütenblättern verschmelzen würde. War es ein Schweben am Himmel oder ein Geborenwerden aus Lotusblüten? Es konnte beides sein, und das war seltsam.

„Eigentlich hätte ich dem Bruder eben diese Statue auch zeigen müssen, oder?", fragte Ritsuko.

Wie ein Huhn, das beide Augen auf etwas richtet und einen Schluck Wasser trinkt, streckte der Priester sein Kinn vor und schüttelte den Kopf.

„Nein, nein, nicht nötig. Das macht alles nur noch komplizierter."

Der Priester und Ritsuko saßen eine Weile schweigend im Fersensitz im hellen Hinterzimmer des Tempelgebäudes und blickten die

Statue an. Schließlich stand der Priester auf und brachte ein kleines Holzbrett. Darauf stand in geschickten Pinselstrichen geschrieben: „Schnitzmeister von Buddha-Statuen Shûun Seki: ‚Hahnenschrei am Morgen (*Tôtenko*)'". Auf der Rückseite des Schildes befand sich sogar ein Hölzchen, um es zu stützen. Der Künstlername Shûun Seki war auch auf der Unterseite der Statue mit einem Stecheisen eingeritzt. Der Priester meinte, er habe diesen Namen für einen Schnitzmeister schon einmal gehört. Aber „Hahnenschrei am Morgen"?

„Herr Priester, ist das nicht auch diese Hühnersorte? Der Langkräher?", fragte Ritsuko.

„Ja, das ist richtig. Finden Sie nicht auch, dass dieses Gesicht so aussieht, als ob es sich über die Morgensonne freut? Dass morgens der Himmel sich rötlich färbt, egal ob es ein Atomunglück gegeben hat oder nicht, das ist und bleibt doch etwas Schönes, oder?"

„Ist das in Ordnung, der Statue einfach so einen Namen zu verpassen? Was, wenn die beiden Ihnen deswegen grollen und als Geister zurückkehren und hier spuken?"

„Nein, dafür wird mir nicht gegrollt. Nicht von demjenigen, der diese Statue gemacht hat. Er grollt bestimmt niemandem."

Aber falls sie doch spuken kommen sollten, würde er fleißig beten, meinte der Priester und Ritsuko lachte schallend. So hatte sie schon lange nicht mehr gelacht. Sie betrachtete die neue Statue, die gerade ihren Namen bekommen hatte. Das vom Dach der Tempelküche hinunterfließende Licht fiel auf die Statue und bedeckte ihr ganzes Gesicht. Sie sah tatsächlich aus wie ein Kind, das sich über das helle Licht am Morgen freut und es umarmen möchte. Als Ritsuko noch einmal die Hände faltete, war ihr ihre eigene Kindheit plötzlich ganz gegenwärtig.

Auf dem Rückweg hörte Ritsuko noch einmal das Krähen des Langkrähers. Ihr Gesicht wandte sich von alleine in Richtung Himmel. Die Frühlingssonne brannte in ihren Augen.

Der strahlende Berg

Sehr geehrte Damen und Herren, herzlich willkommen. Zuallererst möchte ich mich ausdrücklich bei Ihnen bedanken, dass Sie alle heute hierher gekommen sind. Wir haben noch etwas Zeit bis zum Sonnenuntergang, also schenken Sie mir doch bitte eine Weile Ihr Gehör. Ich alter Mann möchte Ihnen heute ein bisschen von früher erzählen. Nein, nein, keine Sorge, ich werde dabei nicht mehr als nötig ausholen. Ich möchte Ihnen nur die Geschichte von diesem Berg erzählen, denn Sie alle sind ja extra hierher gekommen, um sich diesen Berg anzusehen.

Früher, vor etwa dreißig Jahren, da lebte in einer abgelegenen Gegend der Präfektur Fukushima, ganz in der Nähe von diesem Ort, ein sonderlicher alter Mann. Nein, ich spreche nicht von mir. Denn natürlich war ich erstens damals selbst noch jung und zweitens habe ich damals in Tokyo gelebt und von der ganzen Sache nichts geahnt.

Wie Ihnen bestimmt schon bekannt ist, gab es damals noch in vielen Ecken Japans Atomkraftwerke. Eines Tages, das ist Ihnen sicherlich ein Begriff, kam der „11. März", ein großes Erdbeben, und ein Atomkraftwerk an der Küste von Fukushima wurde beschädigt. Dadurch entstand ein furchtbares Chaos.

Das war zu einer Zeit, als die Politik nicht gut funktionierte. Es gab damals noch das sogenannte Oberhaus und Unterhaus, zwischen denen kaum ein Unterschied bestand. Die beiden Kammern wurden von verschiedenen Mehrheiten kontrolliert, was zu einer Patt-Situation führte. Die großen Parteien waren damit beschäftigt, gegeneinander zu kämpfen und viele wichtige Aufgaben blieben unerledigt.

Es war wohl der zweite Premierminister nach der großen Katastrophe, der den Satz sagte: „Ohne den Wiederaufbau von Fukushima gibt es auch keinen Wiederaufbau von Japan." Das klang gut. Und so wurden an vielen Orten gut klingende Dinge gesagt und so schöne Versprechungen gemacht, wobei man in den betroffenen Gebieten allerdings kaum etwas davon merkte.

Wie Sie wissen, kam es dann zu dem großen Erdbeben von Tokyo und danach zu der großen Eruption des Fujibergs. Die Ereignisse, von denen ich Ihnen berichten möchte, begaben sich noch davor, genau in den Jahren dazwischen. Anders als heute lebten damals in Tokyo viele Menschen. In dieser Gegend hier gab es jedoch nur wenige junge Leute. Hier lag die Wirtschaft brach, viele Leute zogen in die Ballungszentren und zurück blieben fast nur ältere Menschen. Wie witzig! Das kann man sich heute kaum mehr vorstellen, so anders als nun war die Situation.

Der sonderliche alte Mann war damals ungefähr siebzig Jahre alt. Er arbeitete jeden Tag in seinem Gemüsegarten oder bestellte sein Reisfeld und über eine Firma, die Senioren für Gelegenheitsarbeiten vermittelte, arbeitete er, wann immer es etwas für ihn zu tun gab, an vielen verschiedenen Einsatzorten. Er hatte einen starken Verantwortungssinn und er war sehr geschickt sowohl bei Tischlerarbeiten als auch bei der Instandsetzungen von Straßen. Da er so viele Arbeiten erledigen konnte, war er damals bestimmt ein wertvoller Arbeiter und wurde dafür geschätzt.

Auch nach dem großen Erdbeben blieb alles mehr oder weniger beim Alten. Er war auch ein sehr gläubiger Mensch und besuchte häufig den Tempel in der Nähe seines Hauses, wo sich die Gräber seiner Vorfahren befanden. Bei seinem ersten Besuch nach dem Erdbeben stellte er die umgefallenen kleinen Buddhafiguren wieder auf, und er stellte selbst einen Plan auf, um im Wald auf dem Berg aufzuräumen und setzte diesen Plan dann in die Tat um.

Natürlich war er auch verheiratet. Ich darf wohl nicht sagen mit einer alten Frau, aber er hatte eine Ehefrau, die ein paar Jahre älter war als er. Er stritt sich auch hin und wieder mit ihr und erledigte mit ihr zusammen Arbeiten. Die beiden hatten zwei Kinder, die waren beide missraten. Sie hatten beide in Tokyo Familien gegründet und machten keinerlei Anstalten, hierher zurückzukommen.

Nach dem Unfall am Atomkraftwerk wollten sie erst recht nicht mehr hierher zurückkehren. Damals machte man sich zu große Sorgen um die gesundheitlichen Auswirkungen der Radioaktivität. Es wird geschätzt, dass mehr als 50 000 Menschen die Präfektur verließen. Viele Menschen konnten weder den Aussagen der Regierung noch den Forschungsergebnissen von Wissenschaftlern trauen. Es war, als ob sie wie kopflose Hühner hin und her liefen.

Sie erinnern sich bestimmt an den Begriff „Dekontamination“. Ja, dafür gab die Regierung viel Geld aus, und die eigentliche Arbeit übernahmen die Leute hier vor Ort. Es war eine schwere Arbeit.

Auch hier in diesem Ort waren es nicht nur die Bauunternehmer, sondern auch eine neu gebildete Gewerkschaft für Dekontamination. Die Leute beschlossen, sich der Dekontamination zu widmen und wollten auch gerne daran Geld verdienen. Leute, die in provisorischen Unterkünften wohnten, Leute, die keine Arbeit hatten, bereiteten sich darauf vor, indem sie an Infoveranstaltungen über Dekontamination teilnahmen. Dann begannen die Arbeiten. Allerdings führte die Dekontamination kaum zu einer Minderung der Strahlenbelastung. So dauerte es nicht lange und die Sache verlief im Sande.

Ich befand mich damals in Toyko und ehrlich gesagt machte es mir Angst, in was für einer schrecklichen Lage meine Heimat sich befand. Dabei wusste ich, dass zum Beispiel bei dem Gemüse, das man in Tüten im Supermarkt kauft, mit radioaktiven Strahlen Keime abgetötet werden. Deswegen kam mir das Wort „verstrahlt" irgendwie seltsam vor. Wenn man sich einem CT-Scan unterzieht, wird man auch bei nur einer Untersuchung 6,9 Millisievert ausgesetzt. Ist das dann auch eine Verstrahlung? Damals gab es jedenfalls Wissenschaftler, welche die Ängste der Menschen noch schürten. In meinem Kopf bildete sich ein großes Durcheinander. Es kam mir auch so vor, als ob man durch die Dekontaminierungsarbeiten verstrahlt würde. Ich befand mich in Tokyo und legte untätig die Hände in den Schoß und das war schon alles, was ich damals gemacht habe.

Aber der alte Mann hier war wahrscheinlich gar nicht verunsichert und auch nicht durcheinander.

Der alte Mann fing an, eine bestimmte Sache zu tun. Das war noch, bevor überhaupt die Rede davon war, was mit der ganzen Erde und anderen Abfällen gemacht werden sollte und bevor klar wurde, dass man einen provisorischen Lagerplatz dafür bräuchte. Auch wenn ich sage, er habe damit angefangen, so ist es doch nicht besonders anders als das, was er davor bereits auch schon getan hatte. Er machte im Grunde einfach so weiter, ohne dabei aufzufallen.

Er machte kontinuierlich weiter und kam so Stück für Stück voran. Wenn er gebeten wurde, im Garten von jemandem die Bäume und Büsche zurechtzuschneiden oder Laub zu fegen, so nahm er die Äste und das Laub mit nach Hause. Wenn er gebeten wurde, den Rasen zu mähen, nahm er das abgeschnittene Gras mit nach Hause. Jedes Mal war die Ladefläche von seinem kleinen Truck gefüllt. Das hatte er auch vorher schon manchmal so gemacht.

Wie Sie sehen, ist es ein riesiges Grundstück. Es sind etwa anderthalb Hektar. Dieser Berg hier und der andere Berg dahinter, das gehört alles zu dem Grundstück des alten Mannes. Weil vor dem Berg auch noch so ein großes Feld ist, fällt es niemandem weiter auf, wenn man ein paar Äste und Laub hierher bringt.

Natürlich bemerkte als einzige seine Frau, dass sich etwas veränderte. Eines Tages fragte sie ihn: „Warum hast du denn so viele Äste und Laub hierher+ gebracht?" Und er antwortete nur: „Das ist schon in Ordnung so."

Nach einer Weile wurde offensichtlich, dass es schwierig war, einen provisorischen Lagerplatz für die bei der Dekontaminierung anfallenden Stoffe zu finden. Das ist ja auch klar. Obwohl allen bewusst ist, dass man das Zeug ja irgendwo lagern muss, möchte niemand es in der Nähe seines eigenen Hauses haben. Nach Ende des zweiten Weltkrieges war dieses Land ein Land mit „Menschenrechten" geworden, also gab es keinen, der den Leuten einfach etwas gegen ihren Willen befehlen konnte. Das konnte weder der Premierminister noch der Gouverneur der Präfektur noch der Bürgermeister. Daher war sowohl das Problem der amerikanischen Militärstützpunkte in Okinawa als auch das Problem eines Zwischenlagers für verstrahlte Stoffe in Fukushima ungelöst. Die Probleme wurden immer wieder hin- und hergeschoben und nichts wurde klar entschieden.

Auch damals wurde die Erpressungsmethode genutzt, den Leuten, die in der Nähe eines Ortes wohnten, der für ein Zwischenlager in Betracht gezogen wurde, zu sagen: „Warum denkt ihr nicht an das Wohl der Gemeinschaft?" Wenn man dies von jemandem, der selbst in der Nähe wohnte, gesagt bekam, hörten viele auf, egoistisch zu sein. Solche moralischen Werte gab es damals hier in der Region noch. Daher sind auch in einigen Gegenden provisorische Lagerplätze entstanden. Allerdings konnte hier in der Nähe partout kein Lagerplatz gefunden werden. Und bevor man sich versah, brachte der alte Mann von hier und dort Erde und Äste an, die als „verstrahlt" betrachtet wurden, manchmal schleppte er auch Kies oder Holz an.

Das merkten natürlich auch die Menschen, die in den Häusern in der Umgebung wohnten. Aber weil das Grundstück hier so groß ist, machten sie sich nicht so viele Gedanken darum. Es war sogar so, dass auch die Menschen aus der Umgebung dem alten Mann Gras, Laub und Äste brachten.

„Zu Ihnen darf man verstrahltes Zeug bringen, habe ich gehört! Stimmt das denn?“

Zuerst fragten ihn das die Leute selbstverständlich nur vorsichtig. Und der alte Mann antwortete: „Ja, ja, immer her damit.“ Etwas anderes sagte er nicht. Immer mehr Leute hörten davon und mit der Zeit transportierten auch immer mehr Leute ihr bei der Dekontamination angefallenes Material mit dem Auto hierher, auch aus immer ferner gelegenen Orten. Hier, wo Sie stehen, war früher ein riesiges Gemüsefeld, auf dem Paprika angebaut wurde. Aber nach der letzten Ernte wurde an dieser Stelle ein langsam immer größer werdender Hügel aufgeschichtet.

Damals schwankte die Strahlung in dieser Stadt etwas und lag ungefähr unter 0,5 Mikrosievert pro Stunde. Auch wenn man das ganze Jahr über ständig draußen gewesen wäre, macht das also 4,4 Millisievert. Ob man das als schrecklich viel betrachtet oder kein Problem darin findet, darüber gingen auch damals die Meinungen auseinander. Da hierher immer mehr verstrahlte Äste und Blätter, Erde und Steine gebracht wurden, war hier selbstverständlich die Strahlung höher. Damals gab es in Japan einen gesetzlichen Grenzwert, festgelegt in einem sogenannten „Sondergesetz für Maßnahmen bei Kernkraftwerksunfällen“, der betrug 5 Mikrosievert pro Stunde. Dieser Grenzwert war jedoch schon im Spätsommer nach dem Obon-Fest im August bei Weitem überschritten.

Vielleicht ist Ihnen bekannt, dass es in dieser Gegend hier Brauch ist, die Büsche und Bäume im Garten vor dem Obon-Fest zurückzuschneiden. Zum Obon-Fest, glaubt man, kommen die Seelen der Ahnen zurück zu Besuch. Um sie willkommen zu heißen, versucht man das Haus möglichst in Ordnung zu bringen. Der alte Mann machte natürlich seinen eigenen Garten auch zurecht, und er brachte auch immer wieder von vielen Häusern, wo er im Garten arbeitete, die Äste hierher. Denn für viele Leute war es wirklich ein Problem, dass sie nicht wussten, wohin sie damit sollten. So gab es Leute, die einfach nachts hier Ladungen hinfuhren und abluden, ohne Bescheid zu sagen. Auch darüber regte sich der alte Mann nicht auf. Seine Frau jedoch wurde sehr wütend. Der alte Mann wiederholte immer nur: „Alles in Ordnung, alles in Ordnung“, und beschwichtigte sie so.

Auch nach zwei oder drei Jahren wurde die Menge des immer noch neu dazu kommenden Materials einfach nicht weniger. Und natürlich stieg auch die Strahlung dementsprechend. Ich glaube, es war im Sommer des dritten Jahres, da habe ich angefangen, mir Sorgen zu machen und bin hierher gekommen.

Wie Sie vielleicht schon geahnt haben, bin ich der Sohn von jenem alten Mann und seiner Frau. Ich kam, weil meine Mutter mich anrief und sagte, es ginge einfach nicht mehr, es sei nicht mehr auszuhalten und sie habe große Angst. Ich ließ meine Familie in Tokyo zurück und kam alleine hierher. Es war nach dem Obon-Fest am späten Nachmittag.

Ich weiß noch, mir bot sich ein unglaublicher Anblick. Allein die Felder waren eine Fläche von mehr als dreitausend Quadratmetern, und genau in der Mitte befand sich etwas, was wie ein kleines Gebirge aussah. Die Höhe betrug etwa 20 Meter und ich vermute, es war wohl 40 Meter breit. Am Hang des Berges befand sich ein schmaler Trampelpfad, der kurvig bis auf den Gipfel hinaufführte. Auf dem Gipfel war eine kleine Ebene. In der Abenddämmerung sah das Ganze wie ein riesiges Schiff der Marine aus.

Der alte Mann... ich meine, mein Vater hatte gerade gebadet, trug einen leichten Sommer-Kimono und trank auf der Veranda ein Bier. Ich glaube, meine Mutter war gerade in der Küche, jedenfalls war sie auf der Veranda nicht zu sehen.

„Ach, du bist’s“, sagte mein Vater zu mir, als er mich im Garten stehen sah.

Ich grüßte nicht wie üblich mit „Ich bin wieder zuhause“, sondern fing gleich an mich zu beschweren.

„Was soll das denn?“

„Ach das? Das ist wohl ein neuer Berg.“

Auf meine Nachfrage hin erklärte mein Vater, er habe erst Äste und Steine aufgeschichtet. Dann habe er die Zwischenräume sorgfältig mit einem Gemisch aus Laub und Erde ausgefüllt, die im Zuge der Dekontaminierung aus Rinnsteinen oder Regenrinnen entfernt worden waren. Dadurch war der Berg fest und stabil geworden. Während er dies erklärte, grinste mich mein Vater die ganze Zeit an, so als ob er sich darüber freute, dass er dabei war, diese große Aufgabe so gut zu lösen. Er schien ganz erfüllt davon zu sein.

„Aber wofür baust du sowas denn?"

Ich warf ihm meine Frage an den Kopf und nahm aus meiner Tasche mein Messgerät und stellte es an. Obwohl ich noch ein ganzes Stück weit von dem Berg entfernt war, betrug die Strahlung mehr als 10 Mikrosievert pro Stunde.

„Das ist ja so viel wie in Weißrussland", flüsterte ich. Ich war darüber so erschrocken, dass ich einfach weiter auf die Anzeige des Messgeräts starrte und schwieg. Mein Vater schenkte sich noch etwas Bier in sein Glas, trank einen Schluck und sah mich sehr fröhlich an. Er sagte: „Oh, du kennst dich ja gut aus. Genau. 28 Jahre nach dem Unfall von Tschernobyl ist die Strahlung in Weißrussland endlich auf dieses Niveau gesunken. Und die Leute leben da die ganze Zeit. Vor drei Jahren war die Strahlung in dem Dorf Iitate ungefähr genau so hoch und das ganze Dorf musste evakuiert werden."

Ehrlich gesagt bin ich vor Überraschung über diese Worte meines Vaters fast hintenüber gefallen. Schon früher war mein Vater, wenn ihm etwas Wichtiges einfiel, sogar mitten in der Nacht aufgestanden und hatte sich Notizen auf einem Zettel gemacht. Er war nur auf die Mittelschule gegangen und, so weit ich wusste, konnte er nichts mit dem Internet anfangen. Er sagte oft: „Auch einfache Bauern sollten noch etwas dazulernen", wobei er nur diesen Spruch immer aus unerfindlichen Gründen im Kansai-Dialekt sagte. Er grinste mich an und trank sein Bier. Ich dachte, dass er sehr von seiner Sache überzeugt war. Ich beschloss, ihn noch einmal zu fragen: „Warum bringst du hier extra noch mehr verstrahltes Zeug her?"

„Die Leute wissen alle nicht wohin damit. Sie brauchen einen Platz dafür."

„Aber wenn du das alles entgegennimmst… Hast du denn keine Angst davor? Vor Krebs zum Beispiel?"

„Nein, ich habe keine Angst vor Krebs. Krebs ist ja auch nicht so schlimm." „Hast du denn keine gesundheitlichen Probleme? Ist alles in Ordnung?"

„Mit mir ist alles in Ordnung. Ich erfreue mich bester Gesundheit."

„Und was soll aus diesem Berg werden?"

„Das weiß ich nicht."

Mein Vater grinste weiter und antwortete, ohne ins Stocken zu kommen. Als ich klein war, war mein Vater oft aufbrausend gewesen. Aber als ich nach Tokyo zur Universität ging, oder nein, eher seit ich dann bei einer Aktienfirma arbeitete, seitdem ist mein Vater mir gegenüber gar nicht mehr wütend geworden. Er sagte mir: „Du bist jetzt schon erwachsen." Vielleicht hatte es in Wirklichkeit damit zu tun, dass er dachte, es bringe nichts, mir etwas zu sagen. Ich bin sicher, dass er meine Arbeit als schlecht bewertete. Ihn nun über das ganze Gesicht lächeln zu sehen, wirkte für mich so, als ob er sich eine Lachgesicht-Maske aufgesetzt hätte.

„Na, dann komm doch erstmal rein."

Ich stand mit meiner Tasche in der Hand da. Mein Vater lachte mich an. Aber ehrlich gesagt hatte ich Angst von der Strahlung. Eine Zeitlang standen wir uns so gegenüber, er im Sommer-Kimono, ich in meinem Anzug. Ich glaube, als Nächstes bellte am Eingang des Hauses der Hund. Den Hund hatten sie sich erst angeschafft, nachdem mein älterer Bruder und ich schon nach Tokyo gezogen waren, also hatte ich keine Beziehung zu dem Hund.

„Ist jemand gekommen?", hörte ich die Stimme meiner Mutter von ein paar Zimmern weiter rufen. Aber mein Vater antwortete mit dem Lachgesicht-Maskengesicht: „Nein, hier ist niemand." Dann sagte er auf einmal übertrieben wie ein witzelnder Schauspieler auf der Bühne: „Wollen wir heute Abend zu zweit unser Abendessen genießen?" Auf der anderen Seite der Schiebewände lachte meine Mutter. Ihr Lachen hatte ich schon lange nicht mehr gehört.

Ich verließ das Grundstück, als befände ich mich auf der Flucht. Als ich in das Taxi stieg, das ich hatte warten lassen, liefen mir Tränen über das Gesicht. Ich habe diese Tränen selbst nicht verstanden. Ich hatte den Gedanken, dass es mir nicht gelang, meinen Eltern etwas Gutes zu tun. Und ich war vielleicht traurig, dass ich meine Mutter nicht getroffen hatte, obwohl es schon fünf Jahre her war, dass ich sie gesehen hatte. Der genaue Grund war mir nicht klar. Mein Blick war durch die Tränen verschwommen. Ich erinnere mich deutlich, dass der Berg zu glitzern schien. Ich nahm an, dass es durch meine Tränen so wirkte.

Das nächste Mal, dass ich meinem Vater begegnete, war auf der Beerdigung meiner Mutter. Mein Vater hat keinen Krebs bekommen. Nach unserem Treffen lebte er noch fünfundzwanzig Jahre, wurde 95

Jahre alt und starb schließlich an Altersschwäche. Meine Mutter starb drei Jahre eher als er. Nach ihrer Einäscherung sagte mein Vater zu mir: „Ich habe deiner Mutter immer viel Arbeit bereitet. Zum Glück hatte sie einen friedlichen Tod. Das ist kein Witz, ich denke, dank der radioaktiven Strahlung habe ich eine Aufgabe gefunden und dadurch ein sinnvolles Leben führen können, bis zum Schluss. Wenn ich an der Reihe bin, bitte sei so gut und verbrenne mich auf dem Berg."

Mein Vater war da schon schwerhörig. Ich sagte: „So ein Quatsch!", aber er verstand wohl: „Wird gemacht." Das habe ich aber erst viel später herausgefunden. Wir knieten beide vor dem Traueraltar mit dem Sarg meiner Mutter. Mein Vater ergriff meine Hand und sagte mir wieder und wieder: „Danke. Danke." Es war zwar nur ein Missverständnis, aber es war das erste Mal in meinem Leben, dass sich mein Vater bei mir bedankte.

Mein Bruder und seine Frau waren nur für die Zeremonie geblieben. Sie hatten, wie es der Brauch verlangt, jeder Räucherwerk in die Glut gelegt und waren dann wieder abgefahren. Mein Bruder arbeitete als Berater in einer Firma, die elektrische Geräte herstellte. Er sagte, er habe ein wichtiges Meeting, aber ich war sicher, dass er Angst vor dem Berg hatte und deswegen schnell wieder abfuhr.

Auch ich hatte mit meiner Frau fast jeden Abend über den Einfluss von niedriger Strahlendosis diskutiert. Schließlich sagten wir nichts mehr zueinander, betrachteten uns gegenseitig als „verstrahlt" und trennten uns. Und ungefähr zu diesem Zeitpunkt fiel mir endlich auf, dass das wirklich sehr merkwürdig war.

Ich vermute, dass Sie mir zustimmen werden. Damals waren alle möglichen Wissenschaftler in zwei extreme Lager unterteilt. Sie sagten sehr unterschiedliche Dinge und bestanden jeweils auf ihrer Sichtweise. Die einen waren der Meinung, auch das Hundertausendfache der natürlichen Strahlung sei noch ungefährlich, schließlich erfreuten sich ja auch die Astronauten noch guter Gesundheit. Die anderen wollten Unsummen für eine Dekontamination ausgeben, bei der die Strahlung nur um einen geringen Anteil gesenkt werden konnte. Man nannte die beiden Lager damals das „Hormesis-Lager"[5]

---

5 Anm. d. Übers.: Hormesis ist die bereits von Paracelsus formulierte Hypothese, dass geringe Dosen schädlicher oder giftiger Substanzen eine positive Wirkung auf Organismen haben können.

und das „präventive Medizin-Lager“. Ich habe mir gewünscht, dass die Wissenschafter vernünftig miteinander reden, aber das geschah nicht. Sie konnten es wohl nicht, so wie meine Frau und ich es auch nicht konnten. Deswegen haben meine Frau und ich uns scheiden lassen, das war quasi ein Nebenkriegsschauplatz. Das ist doch schon fast zum Lachen, oder?

Es ist furchtbar, dass Menschen nicht ihr Gesicht verlieren wollen. Und bei Organisationen ist das noch mehr der Fall. Die Internationale Strahlenschutzkommission IRCP hätte einen Dialog zwischen den Wissenschaftlern ankurbeln und Diskussionsveranstaltungen organisieren sollen, aber das wurde nicht getan. Und für viele Leute war es so wie bei dem Sprichwort: Wenn man den Mönch hasst, dann fängt man auch an, das Mönchsgewand zu hassen. Die Leute dachten, Atomkraft sei gefährlich, also sei radioaktive Strahlung auch gefährlich. Viele Leute waren sehr emotional und dachten nicht mehr rational.

Aber wie Sie vielleicht wissen, war es ebenfalls die Internationale Strahlenschutzkommission, die nach dem Unfall empfahl, die Grenzwerte um das Zwanzig- bis Hundertfache zu erhöhen. Als dies nicht getan wurde, kam von denen nichts mehr, die Kommission hüllte sich in Schweigen. Das ist so wie bei meiner Frau und mir. Ich weiß bis heute nicht, was denn richtig ist. Aber tatsächlich ist es so, dass, vollkommen unabhängig von Atomkraftwerken, in unseren Körpern zum Beispiel radioaktives Kalium oder Kohlenstoff auch ganz schön stark radioaktiv strahlen. Wenn jemand etwa 60 kg wiegt, dann kommt man auf etwa 5000 Becquerel. Aber wie dem auch sei, die Kommission hat auch danach ihre Sichtweise über die Verstrahlung im Niedrigdosisbereich nicht geändert. Aber Sie alle nehmen heute an dieser Radioaktivitäts-Rundreise teil und sind hierher gekommen, um den Berg meines Vaters anzusehen. Auch heiße Quellen mit Radon sind inzwischen wieder beliebt und auch die Zahl der Bewohner der Präfektur Fukushima nimmt wieder stetig zu.

Ach ja, richtig! Ich habe nun vielleicht doch viel Überflüssiges erzählt, aber ich wollte ja berichten, was mir mein Vater als letzte Worte hinterlassen hat. Um es vorwegzunehmen, mein Vater hat bis zum Schluss keinen Krebs bekommen. Er hatte gesagt, Krebs sei nicht so schlimm. Letztendlich bekam er in seinem letzten Herbst eine Erkältung, die er verschleppte und schnell daran verstarb.

Meine Cousine sagte mir Bescheid. Als ich hier ankam, hatte man meinen Vater schon dort drüben aufgebahrt. Ja, da hinten, wo heute unsere Gäste aus dem Ausland sitzen. Haha. Als ich das weiße Tuch von seinem Gesicht nahm, sah ich zu ersten Mal das Gesicht meines Vaters mit einem Ausdruck von Strenge. Als ob er die Lachgesicht-Maske abgesetzt hätte. Das war tatsächlich etwas, das ich noch nie zuvor gesehen hatte.

Ich dachte die ganze Nacht lang nach. Ich erinnerte mich an die Worte meines Vaters nach der Einäscherung meiner Mutter, und ich war unentschlossen, was mit der Asche meines Vaters geschehen sollte. Aber ich brauchte nicht lange darüber nachzudenken, es war bereits entschieden. Denn mir fiel auf, dass die Urne mit der Asche von meiner Mutter sich schon nicht mehr an ihrem Platz im Hausaltar befand.

Seit acht Jahre zuvor meine Mutter gestorben war, war ich regelmäßiger hierher gekommen. Ich war damals bereits in Rente, die Kinder waren längst aus dem Haus und ich war geschieden. Es war noch nicht einmal so, dass ich mir Sorgen machte, ob mein Vater alleine zurechtkam, sondern ich begann zu denken, dass dieser Berg eine Art Wunderberg sei.

Mein Vater hatte einmal erzählt, der Hund sei gestorben und er habe den Hund auf dem Berg begraben.

Als ich neben dem Leichnam meines Vaters saß und zum Hausaltar hinüberblickte, stand dort nur ein Foto meiner Mutter, aber nicht mehr ihre Asche, die dort vorher gestanden hatte. Ich hatte sofort eine Eingebung und ging nach draußen. Es war noch Frühsommer, aber trotzdem schon eine schwüle, windlose Sommernacht.

Man hörte Insekten aus der Erde summen und zirpen. Ich machte mich auf den Weg und stieg das erste Mal auf den Berg. Dabei fiel mir auf, dass der Berg inzwischen noch viel höher geworden war. Er war ungefähr 30 Meter hoch, das ist mehr als jetzt. Als ich den sich windenden Weg hinaufging, fiel mir ein, dass ich ein Messgerät in der Tasche hatte, aber ich benutzte es nicht. Es kam mir so vor, als ob meine Beine etwas zitterten, aber ich hatte keine Angst mehr vor dem

Berg. Schließlich war mein Vater hier jeden Tag herumgelaufen. Und mein Vater war, genauso wie meine Mutter, 95 Jahre alt geworden.

Es kam mir so vor, als könne ich ab und zu einen Hauch von der Gegenwart meines Vaters wahrnehmen. Nur der Mond tauchte die Umgebung in ein schwaches Licht. Ich musste im Halbdunkel gut darauf achten, wo ich hintrat, und starrte auf den Boden. Es kam mir so vor, als würde von oben mein Vater lachend: „Alles in Ordnung, alles in Ordnung", zu mir sagen.

Oben auf der Bergkuppe befanden sich tatsächlich zwei große Natursteine, in einem Abstand von etwa einem Meter. Mein Vater hatte auf dem Berg eine Grabstelle für den Hund und eine Grabstelle für meine Mutter angelegt. Dieser Berg ist also so etwas wie ein Grabhügel.

Als ich oben auf dem Berg stand und mich umsah, sah ich in der Ferne unzählige Neonlichter der Nachbarstadt wie Sterne leuchten. Und natürlich war auch der Himmel voller Sterne. Es war ein wirklich schöner Anblick. Ich dachte, vielleicht hatte mein Vater gewusst, wie schön diese Aussicht war, und hatte deswegen den Berg aufgeschichtet. Mir kam in den Sinn, wie mein Vater nach dem Tod meiner Mutter davon gesprochen hatte, eine Aufgabe gefunden zu haben. Und ich erinnerte mich an das letzte Mal, dass ich die Stimme meiner Mutter gehört hatte: „Ist jemand gekommen?"

Wenn ich mich später an diese Nacht erinnerte, kam es mir so vor, als ob auch dieses Mal der Berg leicht geleuchtet hätte. Aber ich war mir damals nicht sicher, ob es vom Berg ausging oder ob es das silberweiße Mondlicht war.

Am nächsten Morgen ging ich zum Tempel und bat den Priester um eine Totenzeremonie bei uns zu Hause. In die Zeitung setzte ich nicht nur eine Todesanzeige, sondern ich bat auch darum, dass jemand einen Nachruf über meinen Vater schrieb. Der Tod meines Vaters, der nicht nur aus dieser Stadt, sondern aus vielen Gegenden der Präfektur verstrahltes Material angenommen hatte, sollte vielen Menschen mitgeteilt werden. Vielleicht habe ich mich auch etwas zu sehr da hineingesteigert.

Jedenfalls wurde aus der Trauerfeier eine unglaublich große Sache. Es wurden über einhundert Blumenkränze geschickt. Es kamen fünf Priester für die Zeremonie, wofür ich sehr dankbar war. Es waren so viele Trauergäste hier, dass man es schon eine „Trauergemeinde“ nennen konnte. Der Gouverneur der Präfektur kam, und ebenso ein halbes Dutzend Bürgermeister der umliegenden Orte. Insgesamt kamen mehr als zweitausend Menschen. Aber das größte Ereignis kam erst, nachdem die meisten nach Hause gegangen waren. Das war die Verbrennung.

Besonders einer der Priester hatte viel Einsatz gezeigt, um das Vorhaben in die Tat umzusetzen. Als ich ihm von dem letzten Wunsch meines Vaters erzählt hatte, hatte er gesagt: „Lassen Sie uns das machen! Wir verbrennen den Leichnam oben auf dem Berg.“ Als die Trauerfeier vorüber war, wurde der Sarg meines Vaters mit Hilfe einiger Nachbarn oben auf den Berg getragen. So wie es früher gemacht wurde, wurde erst eine Grundlage aus Brennholz geschaffen, dann wurde eine Lage Bretter darauf geschichtet und dann wurde der komplette Sarg oben drauf gestellt. Darüber wurde ein großer Haufen trockenes Reisstroh gelegt, von dem eine Zeitlang geglaubt worden war, dass es gefährlich sei. Die Abenddämmerung hatte bereits begonnen. Es war ein unbeschreiblich schönes Feuer. Damals war die Hormesis-Hypothese schon durchaus weit verbreitet. Deswegen waren am Fuße des Berges noch etwa einhundert Leute dageblieben und schauten von dort aus zu. Aber dann, als diese Leute nach Hause gegangen waren und wir auch schon wieder unten am Haus waren, passierte etwas Unvorhergesehenes. Auch ich war darüber sehr überrascht. Ich hatte die Priester ins Haus eingeladen und wir tranken Sake zusammen. Plötzlich hörten wir, wie die Flammen eines großen Feuers knisterten und loderten. Als wir aus dem Haus traten, standen wir vor einer riesigen Feuersbrunst. Nicht nur um den Leichnam meines Vaters herum loderte es, sondern der ganze Berg brannte.

„Alles in Ordnung“, sagte jemand. Es war nicht mein Vater, sondern der Priester neben mir. Der Berg bestand ja aus unzähligen Ästen und Blättern, also war es im Grunde kein Wunder, dass er brannte. Der Priester meinte, er hätte sich das schon gedacht. Das Feuer würde wohl nur etwa 500 oder 600 Grad heiß werden. Solange 700 Grad nicht überschritten würden, werde das Cäsium nicht freigesetzt.

„Wirklich? Ist das so?“

„Ja, alles in Ordnung. Das ganze Cäsium bleibt in der Asche“, sagte der Priester. Er hatte, bevor er Priester geworden war, bei einer

Müllverbrennungsanlage gearbeitet, deswegen kannte er sich so gut aus und sprach voller Selbstvertrauen. Er sagte genauso oft „Alles in Ordnung“ wie mein Vater. Wer von den beiden hatte wohl damit angefangen? Jedenfalls trugen wir ein paar Tische nach draußen, benutzten umgedrehte Bierkisten als Sitzgelegenheiten und tranken draußen weiter Sake.

Und dann bemerkten wir es endlich. Die Luft in der Dämmerung schien irgendwie durchsichtig zu leuchten. Als wir hinsahen, ging von dem Berg ein schwaches violettes Neonlicht aus. Man konnte an einigen Stellen Flammen erkennen und Rauch stieg auf, aber es gab auch einen violetten Lichtschein wie eine Art Aura um den ganzen Berg. Dieser Lichtschein leuchtete stetig und verdrängte die Dunkelheit. Es war, als ob eine Wolke mit dem Amida-Buddha vom Himmel herabgekommen wäre.

Das Feuer brannte mehrere Tage lang. Das Innere des Berges schwelte. Dadurch schrumpfte der Berg nach und nach etwas zusammen, er verdichtete sich. Wenn es Abend wurde, war der ganze Berg schwach erleuchtet. Warum, weiß ich nicht. Es kamen verschiedene Wissenschaftler und Spezialisten hierher, um das Phänomen zu untersuchen, aber es blieb ein einziges Rätsel. Nach dem Totengedenktag, neunundvierzig Tage nach dem Tod, wurde die Asche meines Vaters in der Nähe des Grabsteins meiner Mutter beigesetzt. Es kam mir so vor, als sei danach der Lichtschein des Bergs noch intensiver geworden. Hahaha, das ist sehr wahrscheinlich nur Einbildung.

Nun wird es langsam dunkel. Können Sie es schon sehen? Jetzt können Sie langsam aufstehen und sich bereit machen. Wir werden nun gemeinsam den strahlenden Berg besteigen.

Sie brauchen nicht zu hetzen. Es ist schon ein bisschen schwächer als vor fünf Jahren, aber jeder kann noch genügend Strahlung abbekommen.

Allerdings habe ich eine Bitte. Da der Berg, wie ich eben erklärt habe, auch ein Grabhügel ist, möchte ich Sie bitten, sich jetzt einmal alle gemeinsam mit gefalteten Händen zu verbeugen.

Ja, vielen Dank.

So, meine Damen und Herren, Sie können nun in Ruhe Ihre Schuhe anziehen und nach draußen gehen. Bitte drängeln Sie nicht. Ich verstehe, dass Sie so schnell wie möglich viel Strahlung abbekommen möchten, aber lassen Sie einander genug Platz. In letzter Zeit haben wir auch viele Besucher aus dem Ausland hier. Es tut mir leid, dass es hier noch keine Broschüre auf Englisch gibt. Please come again. Hahaha.

Bitte, sehen Sie es sich an! Es ist eine zauberhafte Schönheit, die nicht von dieser Welt ist, nicht wahr? Es ist so ein durchscheinendes, reines Licht. Es ist edel und doch grell. Wenn es auch noch Himmelblau wäre, käme wohl doch nicht der Amida-Buddha sondern der Buddha der Heilung. Oh! Sehen Sie das Neonlicht des Souvenirladens am Himmel, das ist ja schon fast wie das Paradies im Osten!

So, bitte bilden Sie jetzt eine Schlange und folgen Sie mir hoch auf den Berg. Bitte befolgen Sie die Anweisungen der Mitarbeiter. Alles in Ordnung, alles in Ordnung. Sie können alle genügend Strahlung abbekommen. Bei einem Rundgang bekommen Sie 80 Millisievert ab. Nein, Sie dürfen nicht einfach vorgehen und zweimal die Tour über den Berg machen, das ist gegen die Regeln. Machen Sie das bitte nicht. Auch wenn Sie sich noch nicht in die weiße Pilgerkleidung umgezogen haben, alles in Ordnung, Sie haben noch genug Zeit. Also, dann, gehen wir langsam los mit dem Wanderruf: „Lasset uns unsere sechs Sinne reinigen. Der Berg ist heiter und freundlich. Lasset uns unsere sechs Sinne reinigen. Der Berg strahlt…“

Nachwort zur gebundenen japanischen Ausgabe von 2013

Es kommt mir zwar etwas feige vor, für die Neuerscheinung der gebundenen Ausgabe ein Nachwort zu schreiben, aber diesem Werk möchte ich tatsächlich gerne noch einige Dinge hinzufügen.

Bei dieser Sammlung von Texten handelt es sich um Kurzgeschichten, die ich nach dem großen Erdbeben von Nordjapan inmitten der fortschreitenden, dringlichen Realität zusammengeschrieben habe.

Natürlich ist es nicht so, dass ich der Ansicht bin, wenn man aus einer ernsthaften Situation heraus schreibt, entstehen dabei gute Werke. Ich hatte damals parallel auch journalistische Texte zu schreiben. Es kam mir so vor, als ob diese sechs Kurzgeschichten wie Früchte durch ein wundersames, tiefes Nachdenken innerhalb von kurzer Zeit entstanden sind.

Mir war, als könnte ich hören, wie mir gesagt wurde, wenn man nach der Naturkatastrophe, nach dem Atomunfall in Fukushima lebt, dann ist überhaupt nicht der richtige Zeitpunkt um Romane zu schreiben. Es war mir auch tatsächlich wichtig, eben auch Berichte zu schreiben und mitzuteilen, was es bedeutete, jetzt im Katastrophengebiet oder in Fukushima zu leben. Deswegen schrieb ich u.a. das „Katastrophentagebuch", „Die Methode zu beten" oder „In Fukushima leben".

Ich atme unabhängig von der radioaktiven Strahlung weiter und so konnte ich auch durch mein schlechtes Karma nicht weiterleben, ohne Geschichten zu schreiben. Obwohl ich das schlechte Karma traurig fand, habe ich es wohl auch auf eine Art lieb und mich dadurch selbst in eine Zwickmühle gebracht.

Obwohl es nicht so geplant war, reihen sich in den Titeln der Geschichten die Insekten aneinander: Die Grillen, der Wasserläufer, die Gottesanbeterin. Ich bin mir selbst nicht ganz sicher, warum meine Wahl auf Insekten fiel. Wenn man mich fragen würde, ob es die Natur an sich symbolisieren soll, kommt mir das plausibel vor. Wenn man mich aber fragen würde, ob es um einen Mangel an Vertrauen in die Menschen geht, würde ich wohl auch vage zustimmen.

Anfangs hatte ich vor, die Sammlung von Kurzgeschichten „Die nackten Insekten“ zu betiteln. Nackte Insekten haben keine Flügel und kein Fell – gemeint sind die Menschen.

Aber meine Lektorin, mit der ich seit meinem Schriftsteller-Debut zusammenarbeite, Frau Akiko Saito, hat zu dieser Idee kein einziges Mal zustimmend genickt. Schlimmer noch, sie fing an – wie es ihre Art ist, wenn sie gegen etwas ist – ganz schnell zu sprechen und viele Worte zu machen.

Obwohl sie gegen meine Idee war, erinnere ich mich voller Vergnügen an diesen Moment. Woran das wohl liegen könnte? Wahrscheinlich war es für mich in erster Linie eine große Freude, dass nach der Katastrophe ein ganzes Buch mit Kurzgeschichten dabei war zu entstehen

Natürlich ist der wichtigste Grund, warum dieser Moment mir so freudig in Erinnerung ist, dass Frau Saito schließlich den Vorschlag machte, das Buch „Der strahlende Berg“ zu nennen. Wie der strahlende Berg, der in der Abenddämmerung leuchtet, ist dieser Titel durchaus unheimlich, aber wunderschön. Für mich begann dieser Titel mehr und mehr zu glänzen.

Die Geschichten sind doch nicht so sehr aus tiefem Nachdenken entstanden, sondern es war, wie sich aus der Finsternis hinaus in die Lüfte zu schwingen. Und also sind es vielleicht keine Früchte, sondern cäsiumhaltige, köstliche Wassertröpfchen.

Wenn diese Geschichten eine möglichst lange Halbwertszeit haben, bin ich höchst erfreut.

Frühjahr (Tag- und Nachtgleiche) 2013

Sôkyû Gen'yû, Priester des Fukujûji-Tempels, Präfektur Fukushima

Nachwort zur japanischen Taschenbuchausgabe

Für die Taschenbuchausgabe wurde den sechs Geschichten der gebundenen Ausgabe noch die Geschichte „Der Langkräher“ hinzugefügt. Jede der Kurzgeschichten beschreibt eine bestimmte Situation nach der Katastrophe, aber in „Der Langkräher“ geht es doch etwas anders zu als in den übrigen Geschichten.

Zu Beginn wurde das Gebiet um die Reaktoren in einem Radius von 20 Kilometern zur „Zone mit Evakuierungsbefehl“ erklärt. Zwar wurde später ein Teil davon zur „Vorbereitungszone für die Aufhebung des Evakuierungsbefehls“, doch große Bereiche wurden nun „Eingeschränkter Wohnbereich“ oder „Schwer zugängliche Zone“ genannt. Dies sind Gebiete, in denen Menschen weiterhin nicht leben können. Das Ehepaar in der Geschichte „Der Langkräher“ lebt offensichtlich in einem Gebiet, das evakuiert werden sollte. Aber es gab Gründe, aus denen das Ehepaar nicht evakuiert werden konnte. Ihnen bleibt nichts anderes übrig, als weiter dort wohnen zu bleiben.

Die große Naturkatastrophe zieht sich natürlich als Hintergrund und auch im Vordergrund durch alle Geschichten. Deswegen wird auch diese Geschichte erst einmal so zusammengefasst. Die Menschen leben jedoch alle ihr eigenes, individuelles Leben. Die Naturkatastrophe wirkt sich nicht auf jedes Menschenleben gleich aus.

Für dieses Ehepaar gibt es ein Lebensthema, wofür die Naturkatastrophe fast keine Rolle spielt. Auch in den Schwierigkeiten nach der Katastrophe sind sie vor allem mit dessen Bewältigung beschäftigt. In diesem Punkt unterscheidet sich dieses Ehepaar stark von den Hauptpersonen der anderen Geschichten, die von der Katastrophe an der Nase herumgeführt, angetrieben und hin- und hergeworfen werden.

An den Orten, die als „Katastrophengebiet“ oder „die betroffenen Regionen“ in einem Begriff zusammengefasst werden, gibt es auch solche Menschen: Leute, deren Leben mit der radioaktiven Strahlung nichts zu tun hat. Dies wollte ich gerne den Leser nachfühlen lassen. Ich wollte nicht über das unglückliche Schicksal dieses Ehepaares schreiben, sondern über das unerwartete Glück, das ihnen widerfuhr. Dieses Glück brachte der plötzlich herbeigeflogene Hahn, der Langkräher, mit.

Als ich mir nun noch einmal alle Texte durchgelesen habe, kommt es mir so vor, als ob mein Wunsch aus dem ersten Nachwort, dass es Texte mit einer möglichst langen Halbwertzeit werden sollen, dabei ist, sich zu erfüllen.

Inzwischen ist die Katastrophe fast fünf Jahre her. Die fürchterlichen Erinnerungen an das Erdbeben und den Tsunami tauchten frisch wieder auf, als ich „Die Grillen" oder „Kotarô" las. Andererseits hat sich die gefühlsmäßige innere Teilung der Menschen, was die radioaktive Strahlung betrifft, in ihren Grundlagen seit dem „Wasserläufer" nicht verändert. Die Dekontaminationsarbeiten, die ich in der „Gottesanbeterin" beschrieben habe, werden bis heute weiterhin fortgesetzt.

Selbstverständlich hatte ich mir nicht gewünscht, dass die Realität so werden würde wie meine Kurzgeschichten. Im Gegenteil, ich hoffe, dass sich die Realität schnell ändert. In jeder Geschichte habe ich eine Art „Gebet", einen Wunsch von mir ausgedrückt, den ich auch jetzt, als ich sie wieder gelesen habe, noch weiterhin in mir gefühlt habe.

Ich versuche, es ganz grob zusammenzufassen. Für mich ist in „Deinen Schatten im Schlepptau" die Verzweiflung des alten Mannes und seine Barmherzigkeit gegenüber den Rindern auch jetzt noch unvergesslich. Ich setze meine Hoffnung darauf, dass sich Menschen, deren Lebenswege sich flüchtig kreuzen, eine Zeitlang ihr Leben gemeinsam verbringen und sich gegenseitig helfen wie in „Die Grillen". Ebenso hoffe ich darauf, dass die Menschen sich so wie „Kotarô" entrüsten und fähig sind, an etwas zu wachsen. Solche Hochzeitsfeiern wie in „Die Gottesanbeterin" finden wohl so gut wie nie statt. Aber die gebrochenen Herzen können – wenn überhaupt – dann wohl nur von so etwas gerettet werden: von solch grenzenloser, junger Energie und durch den starken Willen, eine Art Trotz eines Menschen, der sich des Todes bewusst geworden ist.

Mein „Gebet" in der letzten Geschichte, „Der strahlende Berg", kann ich auch selbst nicht einfach in ein paar Sätzen benennen. Jedes Mal, wenn ich die Geschichte lese, habe ich ein ernsthaftes Gefühl und ich muss auch lachen. Strenge und Humor – ich weiß nicht genau, was das bedeutet, aber ich glaube, es ist unbedingt nötig zum Weiterleben.

In Interviews werde ich oft gefragt, was sich durch die Katastrophe verändert habe. Die Fragensteller scheinen eine besondere Veränderung zu erwarten. Aber es ist ja so, dass sich die Realität immer verändert. Auch ich selbst verändere mich stetig. Und es ist unmöglich zu sagen, was sich wie verändert hätte, wenn das alles nicht passiert wäre.

Für mich ist es so, als ob man im unsicheren Gang Schritt für Schritt nach vorne geht: Der rechte Fuß ist auf dem Boden, dann sucht man einen Platz, um den linken Fuß abzustellen. Auf diese Weise habe ich jede Geschichte einzeln geschrieben, wie in einem dichten Nebel, in dem ich nichts vor mir erkennen konnte.

Eine Veränderung ist vielleicht, dass ich nun einen neuen Tastsinn in den Fußsohlen habe, wie eine grabende Erdgrille oder ein Maulwurf.

Nein, die größte Veränderung für mich ist, dass ich dieses Buch „Der strahlende Berg" veröffentlichen konnte. Ich denke, alle anderen Veränderungen sind im Laufe der Zeit im ständigen Wandel des Lebens wieder untergegangen. Auch jetzt noch kann ich nicht erkennen, wohin der Weg durch den Nebel führt. Aber wenn ich länger darüber nachdenke, ist das wohl auch eine ganz alltägliche Sache, die nichts mit der Katastrophe zu tun hat.

In der Zen-Lehre von Meister Rinzai steht geschrieben, „unterwegs immer Zuhause sein". Im Leben ist es wohl ganz selbstverständlich, dass man nicht weiß, was die Zukunft bringt. Man ist die ganze Zeit unterwegs und es ist immer auch gleichzeitig Endstation. Wenn ich dann auf mein Leben zurückblicke, gratuliere ich mir selbst, dass es als Meilensteine „strahlende Berge" gibt. Und dann gehe ich weiterhin Schritt für Schritt durch den Nebel vorwärts.

Für diese Veröffentlichung als Taschenbuch hat mich Herr Tetsuya Terashima hilfreich unterstützt. Seine Idee war es auch, den Termin der Veröffentlichung fünf Jahre nach der Katastrophe anzusetzen. Dafür möchte ich mich herzlich bedanken.

15. Januar 2016

Japan-Glossar 2.0
Informationen zur Landeskunde
Von Klaus-Dieter Böhm
2021. 8°, Geb., 836 S.,
Print: (978-3-95490-531-7)

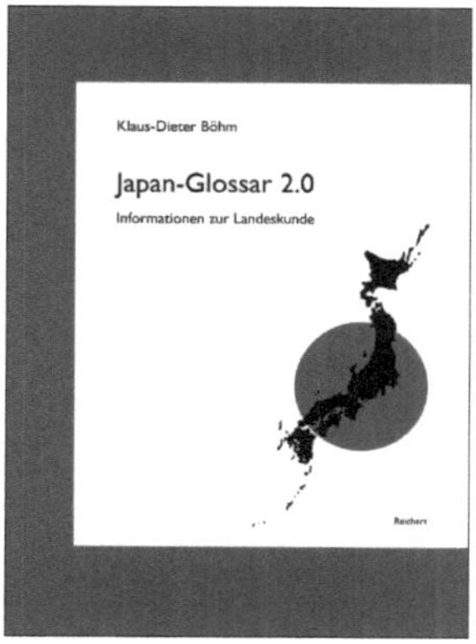

Der Japan-Glossar 2.0 ist ein Nachschlagewerk für Informationen zur japanischen Landeskunde, welches konzeptionell die Informationsquellen Lexikon und Wörterbuch bündelt. Der Inhalt des Japan-Glossar 2.0 besteht darin, dass die ausgewählten Informationen

– im Sach-Register (rund 4000 Begriffe) und im Personen-Register (rund 500 Namen) alphabetisch geordnet und in bilingualer Schreibweise gelistet werden

– in drei Textstufen vertieft, in acht Themenbereiche strukturiert und bilingual begleitet werden.

– Die Wertschöpfung des Japan-Glossar 2.0 besteht darin, dass die landeskundlichen Informationen

– auf Fakten gegründet werden, die zeitunabhängig gültig sind

– sprachlich aufbereitet werden, was durch Wiedergabe in japanischer Schrift nebst lateinischer Umschrift geschieht; japanische Komposita werden ergänzend etymologisch erklärt.

Die Themenbereiche umfassen:

1. Alltag: Bekleidung, Essen und Trinken, Familie, Haus, Sozialstrukturen, Wirtschaft

2. Erdkunde: Erdkunde Japan, Erdkunde Buddhismus

3. Geschichte: Historische Zeittafeln Japan, China, Korea Schöpfungsmythen, Kaiser und Hofadel, Shôgun und Schwertadel, Samurai

4. Kultur: Faupax, Feste und Bräuche, Kurtisanen und Geisha, Sumô, Teeweg

5. Medien: Kunst, Literatur, Musik, Theater

6. Quellenwerke: Japan, China, Indien

7. Religion: Buddhismus, Christentum, Konfuzianismus, Shintô

8. Sprache und Schrift